당신을 그리스도께로 이끌

십자가 아래로

14 Words from Jesus & Salvation by Crucifixion
by James Montgomery Boice and Philip Graham Ryken

Originally published in English under the titles:
14 Words from Jesus
Copyright © 1999 James Montgomery Boice and Philip Graham Ryken
Salvation by Crucifixion
Copyright © 2014 Philip Graham Ryken
by Christian Focus Publications, Geanies House, Fearn,
Tain, Ross-shire, IV20 1TW, Scotland, UK. All rights reserved.

Korean edition published by Word of Life Press, Seoul 2023
Translated and published by permission.
Printed in Korea.

이 책은 『더 라스트 워즈』(제임스 몽고메리 보이스, 필립 라이큰 저, 김태곤 역, 2014), 『십자가 복음』
(필립 라이큰 저, 이대은 역, 2016)(이상 생명의말씀사)를 합본 출간한 것입니다.

십자가 아래로
ⓒ 생명의말씀사 2023

2023년 2월 20일 1판 1쇄 발행

펴낸이 l 김창영
펴낸곳 l 생명의말씀사

등록 l 1962. 1. 10. No.300-1962-1
주소 l 서울시 종로구 경희궁1길 6 (03176)
전화 l 02)738-6555(본사) · 02)3159-7979(영업)
팩스 l 02)739-3824(본사) · 080-022-8585(영업)

기획편집 l 유영란, 유하은
디자인 l 한예은
인쇄 l 영진문원
제본 l 다온바인텍

ISBN 978-89-04-16823-1 (03230)

저작권자의 허락없이 이 책의 일부 또는 전체를
무단 복제, 전재, 발췌하면 저작권법에 의해 처벌을 받습니다.

당신을 그리스도께로 이끌

십자가 아래로

제임스 몽고메리 보이스, 필립 라이큰 지음
김태곤, 이대은 옮김

생명의말씀사

인생을 바꿀
놀랍고 위대한 진리.
그 사랑과 은혜의 자리,

십자가 아래로
당신을 초대합니다.

_____ 님께

글솜씨가 뛰어나면서도 간결하다. 내용이 집약적이지만 풍부하다. 정통적이면서 신선하다. 이 책은 보석이다. 아름다운 노래처럼 들리는 글귀도 있다. 읽는 데 얼마나 걸렸든 그 시간을 보상하고도 남을 것이다.

마크 데버(Mark Dever)_ 캐피톨 힐 침례교회 담임목사

십자가는 기독교 메시지뿐 아니라 그리스도인의 삶에서도 핵심이다. 십자가 없이는 그리스도를 생각할 수 없다. 그렇다면 십자가는 어떤 의미가 있는가? 우리 삶에 십자가를 어떻게 적용할 수 있는가? 십자가에 관심이 있는 독자들에게 이 책이 그 해답을 제시할 것이다.

조시 무디(Josh Moody)_ 컬리지 교회 담임목사

예수님이 십자가에 못 박혀 돌아가신 것. 이것은 대수롭지 않은 일인가, 아니면 역사의 핵심인가? 저자는 이 질문을 탁월하게 탐구하여 성경이 십자가에 대해 가르치는 다양한 양상을 제시하고 있다. 이 책은 예수님의 정체성과 그 사역을 명확하게 드러내고 있다. 그리스도인과 비그리스도인 모두에게 유익하면서 흥미로울 책이다.

로버트 고드프리(W. Robert Godfrey)_ 웨스트민스터신학교 교회사 명예교수 및 명예총장

그리스도를 더 알기 원하는 사람, 그리스도를 신뢰한다는 의미를 깨닫기 원하는 사람에게 딱 맞는 책이다. 그런 사람을 알고 있는가? 당장 이 책을 사서 선물로 주라(아니면 두 권을 사서 한 권을 주라).

콜린 스미스(Colin S. Smith)_ 오처드복음주의자유교회 담임목사, 오픈 더 바이블 대표

깊이 있으면서도 실제적인 이 책은 왜 십자가가 기독교 신앙의 핵심인지 잘 설명해 준다. 또한 자기 백성을 구원하기 위해 기꺼이 십자가에 오르신 그리스도를 높여 드린다. 이 책은 하나님의 구속의 사랑이 지닌 본질을 보여 주어 믿는 자에게는 힘을, 믿지 않는 자에게는 도전을 준다.

로버트 노리스(Robert Norris)_ 제4장로교회 前담임목사 現교육목사

이 책을 읽으면 우리는 죽임당한 어린양 앞에 무릎을 꿇게 된다. 그는 십자가에서 죽으신 그리스도를 통해 우리를 경악하게 하고, 도전하며, 위안을 준다. 초신자든 성숙한 성도든, 우리에게 십자가 아래보다 좋은 곳은 없다. 기도하는 마음으로 천천히, 깊이 생각하며 이 책을 읽으라. 그리고 그 놀라운 진리가 당신의 영혼 깊이 스며들게 하라.

조엘 비키(Joel R. Beeke)_ 퓨리탄리폼드신학교 총장

십자가 메시지에는 어느 세대든 문화적으로 거리감을 느낄 만한 요소가 많다. 게다가 십자가는 성도들이 평생 새로운 수준의 진리를 계속 발견할 수 있을 만큼 매우 심오하다. 따라서 우리는 정기적으로 십자가를 깊이 생각해야 한다. 이 책은 그렇게 십자가를 되새기도록 돕는 데 탁월하다. 영적으로 풍성하고 깊은 통찰을 제시하기 때문이다. 또한 이 책은 십자가 메시지를 잘 모르는 사람들에게 십자가를 소개하기에도 적절하다.

아지스 페르난도(Ajith Fernando)_ YFC 교육담당자

contents

머리말 … 12

저자의 말 … 16

Part 1.
십자가의 7가지 의미

chapter 1   십자가를 찾지 않는 시대 … 25
chapter 2   사랑의 증거인 십자가 … 37
chapter 3   평화를 가져오는 십자가 … 50
chapter 4   능력 있는 십자가 … 62
chapter 5   승리를 가져다주는 십자가 … 74
chapter 6   가장 고귀한 십자가 … 85
chapter 7   자랑스러운 십자가 … 102

Part 2.
십자가 위 7가지 말씀

chapter 8   하나님의 마음 … 117

chapter 9   최고의 행운아 … 129

chapter 10   가족의 끈 … 140

chapter 11   인간이신 예수님 … 151

chapter 12   버림받았으나, 버림받지 않으신 … 162

chapter 13   완수된 사명 … 174

chapter 14   귀향 … 184

Part 3.
부활 후 7가지 말씀

chapter 15　찾는 자를 위한 말씀 … 199

chapter 16　두려워하는 자를 위한 말씀 … 211

chapter 17　불안한 자를 위한 말씀 … 223

chapter 18　근심에 쌓인 자를 위한 말씀 … 235

chapter 19　의심하는 자를 위한 말씀 … 246

chapter 20　넘어진 자를 위한 말씀 … 257

chapter 21　모든 사람을 위한 말씀 … 269

머리말

_필립 라이큰

먼저 이 책이 나오게 된 배경을 소개하고자 한다. 그것이 이 책을 읽는 데 도움이 될 것이기 때문이다.

당시 우리는 도심에서 복음을 전하는 일에 전념했다. 필라델피아에서 살거나 일하는 모든 사람이 기독교의 기본 진리를 이해할 수 있도록 도와주고 싶었다. 그 진리란 바로 예수 그리스도께서 십자가에 못 박혀 돌아가셔서 죄를 용서하셨다는 것과, 부활하셔서 영생이라는 선물을 주셨다는 것이다.

보이스 목사님은 옛 전통을 되살려 보자고 제안하셨다. 그것이 복음을 들고 도시 사람들에게 나아가는 데 도움이 될 것이라고 생각하신 것이다. 그러면서 수십 년 전에는 사순절 기간이면 제10장로교회에서 금요일 점심시간에 복음을 전하는 예배를 드렸다고 이야기하셨다. 우리는 이 전통을 다시 이어가기로 합의하고, 일곱 차례 예배를 드리며 그리스도의 죽음을 다룬 메시지를 간략하게 전했다. 그때가 1996년이었다.

지금도 당시에 드린 소박한 예배가 아름다운 기억으로 남아 있다. 금요일 12시 15분이 되면 예배를 시작했다. 그 시간이면 근처에서 일하는 직장인들이 교회까지 걸어오기 적당했다. 교회 성도들, 그리고 초대받아 함께 온 친구들은 비잔틴 풍으로 장엄하게 꾸며진 예배당으로 조용히 들어와 앉았다.

예배에 참여하는 사람들에게는 예배 순서가 기록된 주보를 나누어 주었다. 그 주보에는 성경 말씀과 함께 경건 서적이나 일반 서적에서 발췌한 생각할 거리들과 그날 주제를 소개하는 글이 실렸다. 그리고 정확하게 12시 15분이 되면 플루트 연주자나 피아노 연주자가 나와서 엄선한 클래식 음악을 한 곡 연주했다. 예배에 참석한 사람들은 이 시간에 음악을 듣거나, 생각에 잠기거나, 기도를 했다. 하나님의 말씀을 들을 최상의 준비를 하는 것이다.

연주가 끝나면 우리는 따뜻하게 그들을 반기는 시간을 가진 뒤, 성경 말씀을 읽었다. 그리고 필라델피아에 하나님의 축복이 임하기를 함께 기도했다. 그러고 나서 보이스 목사님이나 내가 15분 정도 말씀을 전했다. 말씀이 끝나면 사람들이 설교 내용을 묵상할 수 있도록 다시 음악을 연주했다. 예배는 기껏해야 30분 남짓해서 마무리되었기 때문에 사람들은 시간에 맞춰 직장으로 돌아갈 수 있었다.

우리는 이것을 "부활절 금요일 점심 예배"라고 불렀다. 특별히 첫해에는 보이스 목사님과 내가 또 다른 영예로운 전통을 따라 "그리스도의 마지막 일곱 말씀"을 전했다. 교회 전통에 따르면 예수님은 십자가에서 고난당하시면서 일곱 말씀을 하셨다("아버지, 저들을 사하여 주옵소서", "내가 목마르다", "다 이루었다" 등이다).

다음 해에 보이스 목사님과 나는 "그리스도의 실제 마지막 말씀"을 설교했다. 즉 예수님이 죽은 자 가운데서 살아나신 후 제자들에게 하신 말씀이다. 십자가는 예수님의 마지막이 아니다. 사흘 후 다시 살아나셔서 제자들에게 돌아오셨기 때문이다. 따라서 전통적으로 말하는 "그리스도의 마지막 말씀"은 사실 예수님이 하신 마지막 말씀이 아닌 것이다. 단지 예수님이 무덤에서 다시 살아나시기 전에 마지막으로 하신 말씀일 뿐이다. 그렇기 때문에 보이스 목사님과 나는 "나를 만져 보라", "내 양을 먹이라", "세상에 가서 복음을 전하라"는 말씀처럼 예수님이 부활하신 후에 선포하신 말씀들을 전했다. 이것들이야말로 예수님이 복음서에서 가장 마지막으로 하신 말씀이다.

그 뒤 1998년, 우리는 더 나아가 예수님이 하늘에 올라가신 후 신약이 그리스도의 십자가를 어떻게 전하고 있는지를 주제로 연속 설교를 했다. 실제로 이 내용은 성자 하나님과 그분이 하신 구원 사역에 대해서 성부 하나님과 성령 하나님이 마지막으로 하신 말씀들이다. 그때 우리가 선정한 모든 본문은 십자가형(crucifixion)과 관련된다. 그해에 보이스 목사님은 예전보다 더 많은 곳을 다니셨기 때문에 대부분 내가 부활절 점심 예배에서 설교하게 되었다. 물론 이 연속 설교를 기획하는 데 보이스 목사님이 많은 도움을 주셨다. 이 책은 바로 그 설교들을 모은 것에, 빌립보서 2장 8절 설교 한 편을 더한 것이다.

점심시간에 이렇게 말씀을 전한 목적 가운데에는 사람들을 가르치려는 것도 있었다. 우리는 그리스도의 십자가를 분명하게 설명하고 싶었다. 또한 그리스도의 십자가를 철저하게 다루고 싶었다. 그래서 십자가 죽음이 담고 있는 메시지를 될 수 있는 대로 온전하게 가르치려 했다.

십자가를 전하는 가장 큰 목적은 복음을 전하는 것이다. 우리는 예수 그리스도와 구원의 관계를 맺지 못한 사람들에게 되도록 분명하게 십자가를 전하기 위해 노력했다.

이 책을 통해 그리스도의 십자가를 새롭게 이해하여 삶이 변화되기를 바란다. 또한 예수님을 알지 못하는 친구에게도 이 책을 나누기를 기도한다.

저자의 말 1.

_제임스 몽고메리 보이스

　예수 그리스도의 십자가가 중요하다는 것은 아무리 강조해도 지나치지 않다. 십자가 위에서 그리스도가 하신 말씀, 십자가에 관한 그분의 말씀, 십자가에 관한 성경 교리들 중 우리가 무엇을 생각하든, 십자가가 기독교의 핵심이기 때문이다.
　사실, 십자가 없이는 기독교도 없다. 성육신만으로는 우리에게 진정한 기독교를 제시할 수 없다. 그것은 단지 성탄절을 위한 감상적인 이야기일 뿐이다. 또한 그리스도를 본받는 관점만으로도 기독교가 성립하지 않는다. 그 누구도 예수님을 모방하여 구원에 이를 수 없기 때문이다. 부활마저도 그 자체만으로는 기독교의 본질이 아니다.
　다시 말하지만, 예수님께서 그리스도인들을 위해 십자가에서 이루신 일의 중요성은 아무리 강조해도 지나치지 않다. 우리는 예수 그리스도의 십자가와 관련하여 두 가지 사실을 생각해 볼 수 있다.

첫째, 만일 그리스도의 십자가가 기독교의 핵심이자 본질이라면, 그 의미는 너무나 단순하다는 점이다. 예를 들어, "성경대로 그리스도께서 우리 죄를 위하여 죽으시고"(고전 15:3)라는 것보다 더 간명한 표현이 있을까? 또한, 성경에는 "주 예수를 믿으라 그리하면 너와 네 집이 구원을 받으리라"(행 16:31)는 말씀도 있다. 성경은 종종 십자가를 이런 식으로 제시하는데, 즉 매우 간략한 문구를 사용해 직접적으로 신앙을 촉구하는 것이다.

둘째, 만일 십자가가 기독교의 본질이라면, 우리는 또한 그 깊은 의미까지 들어가 볼 수도 있을 것이다. 사실, 우리로서는 십자가의 온전한 의미를 다 이해할 수는 없지만 말이다. 요한복음의 신학을 묘사했던 한 작가는 이 두 가지 사실과 관련하여 십자가 교리를 다음과 같이 요약했다. "그것은 코끼리가 수영할 수 있는 큰 바다일 뿐만 아니라 어린아이가 건널 수 있는 자그마한 웅덩이이기도 하다."

핵심적이며 단순한 동시에 그 끝을 알 수 없을 정도로 심오한 십자가, 이 풍성한 주제를 어떻게 다루는 것이 좋을까? 그래서 필립 라이큰과 나는 우리 교회에서 전하는 사순절 메시지에서 십자가와 관련된 성경의 가르침을 전하기로 결심했다. 우리가 서로의 설교에서 감명을 받았듯 여러분 또한 성경 본문의 의미를 고찰하는 과정에서 축복을 경험하기를 기도한다.

십자가를 배제한 기독교는 스스로를 구원할 수 있다는 주제넘은 착각과 교만으로 이끄는 자기 신격화의 한 유형에 불과하다. 기독교는 십자가를 중심에 둘 때만이 칭의의 은혜를 입은 자로서 하나님 앞에 설 수 있는 유일한 기반을 제시하며, 하나님 안에서 안식하며 다른 이들을 위해 희생할 수 있는 동기를 부여할 수 있다. 십자가 위에서 예수님이 우리를 위해 모든 것을 주셨기 때문에 우리도 모든 것을 내어 줄 마음을 갖게 되는 것이다.

> 온 세상 만물 가져도
> 주 은혜 못 다 갚겠네
> 놀라운 사랑 받은 나
> 몸으로 제물 삼겠네.
> _ 주 달려 죽은 십자가, 새찬송가 149장.

이것은 1701년에 아이작 왓츠(Isaac Watts)가 작사한 찬송가로, 참으로 옳은 진리를 담고 있다. 여러분 또한 이 중요한 성경 구절들을 읽고 생각하고 기도하는 가운데 십자가의 진리를 깨닫게 될 줄로 믿는다.

저자의 말 2.

_ **필립 라이큰**

이 책은 예수 그리스도가 십자가에 못 박혀 돌아가신 사건이 왜 인류 역사상 가장 중요한지 설명한다.

기원후 33년 즈음, 나사렛 예수는 체포되어 심문을 받고 유죄를 선고받았다. 그리고 십자가에 달려 죽고 말았다. 이 사건은 로마 황제 티베리우스 시대에 유대의 총독이었던 본디오 빌라도가 통치하던 시절에 일어났다. 빌라도의 선고에 따라 예수님은 예루살렘 외곽으로 끌려가 나무 기둥에 못이 박힌 채 죽임을 당하셨다.

이 잔인한 사형 집행이 지니는 의미는 당시 문화 상황에서 지닌 의미를 훨씬 넘어선다. 십자가의 온전한 의미를 파악하기 위해서는 예수 그리스도의 독특한 정체성을 알아야 한다. 성경은 예수님이 참인간이자, 하나님의 아들로서 참신이라고 말한다. 즉, 예수님은 사람이신 동시에 하나님이다. 한 인간 안에 인성과 신성이 공존하는 것이다. 그렇기 때문에 예수님의 죽음은 전혀 유례없는 것이었다. 예수 그리스도가 십자가에 못 박혀 죽으신 것은 신성을 지닌 완전한 인간의 죽음이었다.

이와 동시에 예수님이 십자가에서 죽으신 사건의 의미는 구약 성경의 맥락에서 이해해야 한다. 구약은 인류가 어떻게 죄에 빠져 하나님에게서 멀어졌는지를 보여 준다. 죄에 대한 공정한 대가는 죽음뿐이다. 이러한 죄를 용서받고 하나님과 화목할 수 있는 유일한 길은 제사를 드리는 것뿐이었다. 특별히 흠 없는 동물을 죽여서 그 피를 흘려 제물로 드려야 했다. 그런데 선지자들은 마침내 단 한 번의 제사로 모든 죄를 속하게 될 것이라고 예언했다. 그 예언들은 그 제사의 제물이 소나 양, 염소가 아닌 한 사람이 될 것이라는 사실을 암시했다.

예수님은 십자가에서 죽으시면서, 즉 십자가형을 당하시면서 죄를 속하기 위한 영원한 제물로 드려지셨다. 그렇게 해서 오래된 약속들이 성취되었고, 인간은 하나님과 화목하게 되었다. 누구든지 예수 그리스도와 그 십자가를 믿기만 하면 용서를 받게 된 것이다.

그렇다고 해서 그리스도가 십자가에서 죽었다는 것을 논란의 여지가 없는 역사적인 사실로 믿기만 하면 된다는 뜻은 아니다. 예수님이 십자가에서 죽으셨다는 사실은 단지 복음서뿐 아니라 유대인의 『탈무드』나 로마 역사가 타키투스의 『연대기』, 그리고 그 밖에 다른 문서에서도 확인할 수 있다. 따라서 그리스도가 십자가에서 죽으셨음을 "믿는다"는 것은 신앙을 갖는다는 것이지, 역사적 사실을 받아들이기만 한다는 의미가 아니다.

　십자가의 의미는 이보다 훨씬 심오하다. 성경은 "십자가형을 통한 구원"을 가르친다. 십자가는 나사렛 예수의 인생 이야기에서 궁극적인 사건일 뿐 아니라, 죄 때문에 마땅히 받아야 할 죽음이라는 대가를 온전하게 지불한 사건이다. 그리고 우리는 하나님이 이 죽음을 받으셨다는 사실을 알고 있다. 십자가 사건은 바로 부활 사건과 연결되기 때문이다. 즉 죽으신 지 사흘째 되는 날, 예수님은 영생을 얻으셨다. 이 기적은 인간이 참으로 하나님과 화목하게 되었고, 따라서 하나님이 예수님을 믿는 자에게 주신 영원한 생명으로 향하는 유일한 문이 열렸음을 증명한다.

　이것이 진리라면, 지금까지 그 어떤 진리보다 중요할 것이다. 예수님의 십자가 죽음과 부활은 인류에게 죽음이라는 치명적인 문제에 대한 해답이 있다는 희망을 제시하기 때문이다. 하지만 이 메시지가 과연 사실일까? 그렇다면 왜 사실일까? 어떻게 사실일 수 있을까? 이 소식이 사실이라면, 내 삶은 어떻게 변할까? 이 책이 이러한 질문에 답을 제시해 줄 수 있기를 바란다.

Part 1

십자가의 7가지 의미

십자가형이 눈살을 찌푸리게 하고, 심지어 기괴하다는 것은 사실이다.
그러나 여전히 십자가가 필요하다. 십자가가 사라지는 곳마다
진정한 기독교가 사라지기 때문이다. 십자가 없이는 기독교도 없다.

chapter 1

십자가를 찾지 않는 시대

필립 라이큰

"그가 하나님께서 정하신 뜻과
미리 아신 대로 내준 바 되었거늘"(행 2:23).

 기독교는 십자가로 시작해서 십자가로 끝난다. 십자가란 나사렛 예수가 못 박혀 죽은 나무 기둥을 말한다. 이것은 로마 시대에 사형을 집행하는 한 방법이었다. 목재 두 개를 못으로 박아 십(+)자 모양이나 티(T)자 모양을 만들고 사형수의 손목과 발목에 못을 박은 뒤, 땅에 세우는 것이다. 그리고 죄수가 죽을 때까지 그 십자가에 매달아 두었다.

 십자가는 언제나 기독교의 핵심 상징물이었다. 고고학자들이 폐허가 되어버린 고대 유적지를 파헤칠 때, 어떤 장소가 예배를 드리던 곳이라는 것을 확신하는 한 가지 방법이 있다. 바로 십자가를 찾는 것이다. 십자 모양이 벽에 있거나 돌에 새겨져 있거나 바닥에 나타나 있다면, 그곳은 교회였던 것이다.

그리스도인들은 처음부터 예수님이 죽으신 십자가와 자신을 동일시했다. 따라서 십자가는 기독교 신앙의 중요한 상징물이자 결정적인 실재인 것이다.

이제는 필요하지 않다?

불행하게도 사람들은 십자가를 예전처럼 중요하게 생각하지 않는다. 적어도 주요 사상가들은 현대 교회가 십자가를 중요하게 생각하지 않는다고 말한다. 예일대학에서 신학을 가르쳤던 조지 린드벡(George A. Lindbeck)에 따르면 십자가는 이제 죽어 버린 상징물이 되었다. "현재 서구 기독교의 중심은 텅 비어 버렸다. 한때 십자가가 서 있던 그곳이 이제는 공허한 공간이 되어 버린 것이다."[1]

물론 십자가가 아주 사라진 것은 아니다. 어쨌든 아직 완전히 사라지지는 않았다. 여전히 교회 첨탑에는 십자가가 있고, 성경 표지에도 십자가가 인쇄되어 있다. 동네 기독교 서점에서 파

---

1   George Lindbeck, "Justification and Atonement: An Ecumenical Trajectory", 출간되지 않음, pp. 45-46.

는 입 냄새 제거제에도 십자가가 그려져 있다. 포스트모던 시대에서 십자가는 간당간당하게 명맥을 유지하고 있다. 그리스도의 십자가는 이제 하나님의 백성에게도 살아 있는 실재가 아니다.

1990년대 초반, 한 신학 컨퍼런스가 열렸다. 한 사람이 나와서 기독교가 십자가에 대해 강박 관념을 가지고 있다며 십자가를 반박하고 나섰다. "우리에게는 이제 십자가에 달린 사람이나 뚝뚝 떨어지는 피와 같이 괴이한 것들이 필요하지 않습니다." 달리 말하면, 과연 누가 십자가를 필요로 하느냐고 묻고 있는 것이다.

십자가형이 눈살을 찌푸리게 하고, 심지어 기괴하다는 것은 사실이다. 성경도 십자가형이 지닌 혐오스러움을 간과하지 않는다. 이사야 선지자는 예수님에 대해 이렇게 말했다. "마치 사람들이 그에게서 얼굴을 가리는 것 같이 멸시를 당하였고"(사 53:3). 십자가는 사람들이 싫어할 뿐 아니라 보기에도 흉하다. 그러나 여전히 십자가가 필요하다. 십자가가 사라지는 곳마다 진정한 기독교가 사라지기 때문이다. 십자가 없이는 기독교도 없다.

십자가는 하나님의 계획을 이룬다

왜 그리스도의 십자가가 기독교에 반드시 필요할까? 몇 가지 이유가 있다. 첫째, 십자가는 하나님의 영원한 계획을 이루기 위해 필요하다.

심지어 예수님도 십자가가 반드시 필요한지 의문을 품으셨다. 기도를 드리기 위해 겟세마네 동산에 가셨을 때, 그분은 원수들이 가까이 다가오고 있음을 아셨다. 실제로 그날 밤 예수님은 배신을 당하셨고, 체포되어 끌려가 사형 판결을 받으셨다.

예수님은 마지막이 가까웠음을 아셨다. 다른 보통 사람들처럼, 임박한 죽음을 두려워하셨다. 그분은 하나님인 동시에 인간이셨다. 인간이셨기 때문에 자신이 왜 그런 고통스러운 죽음을 당해야 하는지 의구심을 품으셨다. 예수님은 십자가에서 당할 죽음을 생각하면서 이렇게 말씀하셨다.

"내 마음이 매우 고민하여 죽게 되었으니……조금 나아가사 얼굴을 땅에 대시고 엎드려 기도하여 이르시되 내 아버지여 만일 할 만하시거든 이 잔을 내게서 지나가게 하옵소서"(마 26:38-39).

예수님은 아버지께 십자가에서 죽지 않고도 하나님의 백성을 구할 수 있는 방법이 있는지 물으셨다.

그러나 성부 하나님은 성자 예수님을 십자가에서 구하지 않으셨다. 하나님의 계획에 십자가는 반드시 필요한 부분이기 때문이다. 그렇게 예수님은 십자가에서 죽으셨고, 부활하신 후에야 이에 대해서 설명하셨다. 부활하신 예수님은 십자가 사건 때문에 당혹해하는 두 제자와 이야기를 나누셨다. 그들은 왜 예수님이 십자가에서 죽으셨는지 이해하지 못하고 있었다. 그때 예수님은 그들에게 "그리스도가 이런 고난을 받고 자기의 영광에 들어가야 할 것이 아니냐"(눅 24:26)라고 말씀하셨다. 하나님의 영원한 계획에 따르면 그리스도의 십자가는 피할 수 없는 것이었다.

따라서 그리스도인들은 언제나 십자가가 필요하다는 것을 믿고 그렇게 가르쳐 왔다. 예수님이 하늘로 올라가신 지 얼마 지나지 않아, 예수님의 친구인 베드로는 예루살렘에 있는 사람들에게 이렇게 선포했다.

"그가 하나님께서 정하신 뜻과 미리 아신 대로 내준 바 되었거늘 너희가 법 없는 자들의 손을 빌려 못 박아 죽였으나"(행 2:23).

하나님은 자신의 아들이 못 박혀 죽을 것을 미리 알고 계셨다. 그리고 이 일을 알기만 하셨을 뿐 아니라, 이 일이 일어나는 것을 허용하셨다. 또한 하나님은 이 일을 의도하셨다. 십자가는 인류를 위한 하나님의 계획에 반드시 필요한 것이었다.

하나님이 지금 무슨 일을 하고 계시는지 도무지 모르겠을 때마다 이 중요한 사실을 기억하라. 우리는 인생에서 맞닥뜨리는 시험과 비극으로 종종 당혹스러워한다. "하나님은 지금 내 삶에 일어나고 있는 일을 알고 계신가? 도대체 내게 신경을 쓰기는 하시는 건가? 지금 이 상황에서 하나님이 하실 수 있는 일이 있기나 한가?" 이 질문에 대한 답은 이렇다. "하나님은 아시며, 돌보고 계신다." 하나님을 신뢰하라. 그분이 일하실 것이다.

그리스도의 십자가는 하나님의 계획이 선함을 증명한다. 예수 그리스도를 십자가에 못 박아 죽인 것은 이 땅에서 벌어진 가장 악랄한 행위였다. 하나님의 완전하신 아들이 사악한 사람들에게 죽임당하신 것이다. 이보다 악한 일이 있을까? 그러나 예수님이 십자가에서 죽으신 일은 이 땅에서 벌어진 가장 최고의 사건이기도 하다. 앞으로 살펴보겠지만 십자가는 이 땅에 구원을 가져왔다. 하나님이 최악에서 최선을 이끌어 내셨다면, 우리 삶에서 악하게 보이는 것에서도 선을 이끌어 내실 수 있다. 모든 것은 하나님의 선하신 계획 가운데 있다.

십자가는 죄를 배상한다

왜 하나님은 예수님이 십자가에서 죽는 것을 계획하셨을까? 왜 십자가가 필요할까? 무엇을 위해 십자가가 필요할까?

십자가가 하나님의 계획이 된 것은 그것이 인간을 죄에서 구원하는 유일한 방편이기 때문이다. 위대한 청교도이자 옥스퍼드 대학의 신학자였던 존 오웬(John Owen)은 이렇게 말했다. "그리스도의 죽음 없이는 죄의 죽음도 없다."[2] 즉, 십자가를 이해하려면 먼저 죄를 이해해야 한다. 죄는 무엇인가? 두 가지로 답할 수 있다. 첫째, 죄는 하나님이 금하신 것을 행하는 것이다. 둘째, 죄는 하나님이 명하신 것을 행하지 않는 것이다.

우선 죄는 성경에서 하나님이 금하신 것을 범하는 것이다. 하나님을 저주하거나 사소한 거짓말을 할 때, 사무실 비품을 몰래 가져갈 때, 화가 나서 누군가를 칠 때, 우리는 죄를 저지른 것이다. 저주, 거짓말, 절도, 살인을 하지 말라고 하신 하나님의 명령을 어겼기 때문이다.

또한 하나님이 명하신 것을 행하지 않는 것도 죄이다. 하나님은 사람들이 자신을 예배하기 원하신다. 또한 사람들이 자기 자신보다 남을 우선하고, 병든 자를 돌보며, 가난한 자들을 돕기 원하신다. 이러한 명령에 따르면, 우리는 자신에게 이렇게 물어야 한다. "최근에 나는 하나님을 위해 무슨 일을 했는가?" 만약 "그다지 없다"라는 대답이 나온다면, 우리는 하나님의 명령을 행하지 않은 죄를 범한 것이다.

죄가 문제인 이유는 하나님이 거룩하시기 때문이다. 하나님은 완벽하게 거룩하시기에 죄 있는 인간은 그 앞에 설 수조차 없다.

---

[2] 존 오웬의 탁월한 저서인 *The Death of Death in the Death of Christ* (Edinburgh: Banner of Truth, 1959)를 참고하라.

죄는 우리를 하나님의 심판 앞에 서게 한다. 우리는 죄 때문에 저주를 받아 지옥에 떨어져야 마땅하다. 그래서 하나님의 계획에 그리스도가 십자가에서 죽는 사건이 반드시 필요한 것이다.

하나님은 자기 백성을 죄에서 구하길 원하신다. 하지만 어떻게 해야 자신의 사랑과 거룩함을 모두 희생하지 않고 죄 문제를 해결하실 수 있을까? 그것이 문제이다.

하나님은 우리 죄를 간과하실 수 없다. 물론 그러신다면 굉장한 사랑의 행위라고 할지 모르겠다. 하지만 절대로 거룩하시지는 않다. 또한 공의로우시지도 않다. 죄에 대한 대가를 치르지 않는 것이기 때문이다. 반면 하나님은 우리가 죄를 저질렀다고 그냥 지옥에 떨어뜨리지도 않으신다. 그렇게 하면 거룩하실지 모르지만 하나님의 사랑은 온전하게 드러나지 않기 때문이다.

하나님의 사랑과 거룩하심이 만나는 곳이 바로 십자가이다. 성부 하나님은 독생자이신 예수님을 보내셔서 우리 죄로 인해 고난당하고 죽게 하셨다. 우리의 생명을 위해 아들의 생명을 주셨고, 우리의 유익을 위해 그 아들이 고통당하셨다. 이렇게 하나님의 사랑이 나타난 것이다. 또한 십자가에서는 하나님의 거룩하심도 드러난다. 죄의 대가로 죽음이라는 형벌이 집행된 것이다. 하나님의 백성이 저지른 죄에 대한 대가를 그 아들이 온전하게 치르셨다.

이처럼 하나님의 백성을 구원하면서 하나님의 사랑과 거룩하심을 모두 지키기 위해서는 그리스도의 십자가가 필요하다. 독일 신학자인 에밀 브루너(Emil Brunner)는 그리스도의 십자가가 "하나님이 자신의 거룩하심과 사랑을 동시에 드러내신 사건이며……우리를 향한 사랑과 용서, 자비가 드러난 유일한 곳으로, 우리는 하나님의 거룩하심과 사랑이 동등하게 무한하다는 것을 인식할 수 있다"[3]라고 말했다.

십자가는 우리를 구원한다

십자가가 필요한 또 다른 이유가 있다. 십자가는 우리를 구원하는 핵심 요소이다. 천국에 들어가고 싶다면, 반드시 십자가로 먼저 가야 한다. 자신의 죄 때문에 예수님이 십자가에서 돌아가셨음을 믿는 이들에게 하나님은 영생을 값없는 선물로 주신다.

우선 "자신의 죄 때문에 예수님이 십자가에서 돌아가셨음"을 믿는다는 것은 예수님이 십자가에 못 박혀 죽으신 것이 실제로 일어난 사건임을 믿는다는 뜻이다. 역사 기록에 따르면, 기원후 30년에 로마 군사들이 예루살렘 외곽의 한 언덕에서 나사렛 예수를 십자가에 못 박아 죽였다. 예수님이 십자가에서 죽으셨다

---

[3] Emil Brunner, *The Mediator*, trans Olive Wyon (1927; reprint, Philadelphia: Westminster, 1947), pp. 450, 470.

는 사실을 믿는다는 것은 이런 의미이다. 즉, 그날 당신이 그곳에 있었다면 예수님의 십자가를 만질 수 있고 그 나무 가시가 당신 손에 박힐 수도 있다는 사실을 믿는 것이다. 그만큼 십자가는 실제적이다. 십자가 위의 그리스도는 피를 흘리며 죽어가는, 실제로 살아 있는 사람이었다. 성도가 된다는 것은 예수 그리스도가 실제로 사셨고 실제로 죽으셨다는 사실을 믿는 것이다.

그러나 예수님이 십자가에서 죽으셨음을 믿는다는 것은 단지 예수님이 죽으셨다는 사실을 믿는다는 의미보다 더 심오하다. 이것은 예수님이 당신을 구원하기 위해 무언가 하셨음을 믿는다는 뜻이다. 당신이 개인적으로 죄인임을 인정한다는 의미이며, 하나님의 진노와 저주에서 구원받기 위해 그리스도가 필요함을 고백한다는 의미이다. 당신의 개인적인 죄 때문에 예수님이 그 거친 십자가에서 돌아가셨음을 믿는다는 것이다. 그리스도인이 된다는 것은 예수님을 그저 하나의 전설로 받아들이는 것이 아니다. 예수님은 실제로 삶을 사셨고, 실제로 죽임을 당하셨다.

예수님이 죽으셨다는 것, 심지어 죄인을 위해 죽으셨다는 것을 이해한다 해도 하나님이 요구하시는 믿음에는 부족하다. 한 예가 있다. 자신이 출석하는 교회에 등록하기로 결정한 여성이 있었다. 그러기 위해 그 여성은 교회 장로들을 만나 이야기를 나누어야 했다. 장로들은 그녀에게 그리스도인이 된다는 의미를 뭐라고 생각하는지 물었다. 그 질문에 그녀는 예수님이 죄를 용서해 주시기 위해 어떻게 십자가에서 죽으셨는지를 설명했다.

여성의 신학은 건전했다. 그러나 장로들은 그 간증을 들으면서 조금 불편했다. 그녀가 참 그리스도인인지 확신하지 못한 것이다. 그것은 여성이 십자가가 자신의 삶과 별 상관없다는 듯이 태평스레 이야기했기 때문이다. 이와 같은 사람이 교회에 셀 수 없이 많다. 그들은 자신이 그리스도인이라고 생각한다. 하지만 예수 그리스도께 목숨을 바쳐 헌신하지는 않는다.

그래서 장로들은 추가로 질문했다. "자매님은 예수님이 다른 사람의 죄가 아닌 자매님의 죄 때문에 돌아가셨다는 사실을 믿습니까?" 오랜 정적이 흐른 후, 마침내 그 여성이 대답했다. "그렇게 생각해 본 적은 없습니다."

장로들은 여성에게 자신도 그리스도가 대신해서 죽으신 죄인 중의 하나임을 고백해야 한다고 설명했다. 그날 밤 그녀는 예수님이 자신의 죄 때문에 십자가에서 죽으심을 믿고 예수님을 구세주로 받아들였다.

마침내 여성은 구원받기 위해 반드시 이해해야 할 사항을 이해했다. 바로 십자가의 필요성이다. 십자가는 일반적인 의미에서 하나님의 영원한 계획을 이루기 위해 필요한 것이 아니다. 바로 당신이 죄와 사망에서 구원받기 위해 필요한 것이다.

"그가 하나님께서 정하신 뜻과 미리 아신 대로 내준 바 되었거늘"(행 2:23).

1. 주변 어디에서 십자가를 찾아볼 수 있습니까? 그것을 보면 어떤 생각이 듭니까?

_____

_____

2. 십자가는 하나님의 구원 계획을 이루기 위해 필요합니다. 기독교의 핵심인 십자가를 묵상해 보십시오.

_____

_____

예수 그리스도를 십자가에 못 박아 죽인 것은 이 땅에서 벌어진 가장 악랄한 행위였습니다. 그러나 예수님이 십자가에서 죽으신 일은 이 땅에서 벌어진 가장 최고의 사건이기도 합니다. 하나님이 최악에서 최선을 이끌어 내셨다면, 우리 삶에서 악하게 보이는 것에서도 선을 이끌어 내실 수 있습니다. 모든 것은 하나님의 선하신 계획 가운데 있습니다.

chapter 2

사랑의 증거인 십자가

필립 라이큰

"그는 그 앞에 있는 기쁨을 위하여 십자가를 참으사
부끄러움을 개의치 아니하시더니"(히 12:2).

십자가는 우리에게 매우 친숙하다. 그래서 거리끼게 만드는 힘을 잃어버리고 말았다. 이제 십자가는 그리스도인들에게 거리끼는 것이 아니다. 십자가를 보고, 듣고, 말하고, 노래하는 것에 익숙해졌기 때문이다. 심지어 그리스도인이 아닌 사람들도 십자가를 꺼려 하지 않는다. 아마도 그들에게 십자가는 그저 어느 한 종교에 헌신하겠다는 상징물이거나, 패션 악세서리일 것이다. 이제는 많은 사람들이 예수 그리스도의 십자가를 시시하게 여긴다.

사람들이 십자가에 익숙해졌다는 것은 그들이 십자가의 진정한 의미를 상실했다는 것을 뜻한다. 십자가에 못 박혀 죽는 것이 진정으로 의미하는 바를 깨닫는다면, 십자가를 완전히 꺼리게 되기 때문이다.

초기 기독교 신학자인 오리게네스(Origen)는 예수님의 죽음을 두고 "십자가에서 당한 극히 혐오스러운 죽음"[4]이라고 말했다. 이 지적은 매우 타당하다.

로마인에게는 혐오스러운 것

로마인들은 십자가를 혐오했다. 십자가는 잔혹한 사형 방법이기 때문이다. 십자가는 고대 세계의 전기의자 또는 독극물이었다. 사형을 선고받은 사람들의 마지막은 결코 감상적일 수 없다. 사형 집행에 아름다운 것이란 전혀 없다.

십자가는 단지 사형 집행 방법일 뿐 아니라 상상할 수 있는 가장 섬뜩한 도구였다. 마르쿠스 툴리우스 키케로(Marcus Tullius Cicero)는 십자가를 "가장 잔혹하고 역겨운 형벌"[5]이라고 묘사했다. 십자가는 고문, 피 흘림, 나체가 됨, 극도의 괴로움을 떠올리

---

[4] Origen, Commentary on Matthew 27:27ff., F. F. Bruce, *The Epistle to the Hebrews*, New International Commentary on the New Testament (Grand Rapids, MI: Eerdmans, 1990), p. 338에서 재인용.

[5] Cicero, *In Verrem*, II, 5, 165, John Stott, *The Cross of Christ* (Downers Grove, IL: InterVarsity, 1986), p. 24에서 재인용.

게 했다. 십자가는 사형수에게 가장 심한 고통을 가하도록 고안된 처형 방법이었다.

따라서 십자가형은 죄인, 그것도 상습적으로 흉악한 죄를 저지른 범죄자에게 선고되는 형벌이었다. 저명한 신약학자인 브루스(F. F. Bruce)는 이렇게 말했다.

> 십자가에서 죽는다는 것은 극단적인 치욕이었다. 십자가형은 살아갈 가치가 전혀 없는 자들에게 선고되는 것으로, 인간 이하의 존재에게 가하는 형벌이었다.[6]

이처럼 십자가는 살인자나 반역자, 노예, 이방인에게만 선고되었다. 이러한 근거들을 조합해 보면, 왜 로마인들이 십자가를 혐오했는지 알 수 있다. 그들은 이 형벌을 매우 모욕적인 것으로 생각했기 때문에 로마 시민들이 어떠한 죄를 저질러도 십자가형을 받지 못하게 했다. 키케로의 주장이 이 점을 잘 설명한다.

> 로마 시민을 결박하는 것은 범죄이고, 그를 매질하는 것은 증오스러운 행위이며, 그를 살해하는 것은 극악한 살인이다. 그를 십자

---

[6] Bruce, p. 338.

가에 못 박는 건 어떨까? 그토록 끔찍한 짓에 대해선 묘사할 말조차 없을 것이다![7]

실제로도 십자가형에 해당하는 단어가 없다. 적어도 십자가에 대해서 정중하게 예의를 차린 단어는 없다고 할 수 있다. 로마 사회는 십자가에 해당하는 단어 자체를 금했기 때문이다. 다시 키케로의 말을 들어 보라.

> "십자가"라는 말 자체를 로마 시민의 신체뿐 아니라 마음, 눈, 귀와도 전혀 상관없는 것으로 만들어야 한다.[8]

라틴어에서 "크룩스"(*crux*, 십자가)는 욕설에 해당할 정도이다.
로마인들은 십자가형을 가증한 것으로 여겼다. 그렇기 때문에 그들이 기독교를 조롱했다는 사실도 놀라운 일은 아니다. 이에 대해 주목할 만한 예가 로마의 한 언덕에 있는 궁전에서 발견되었다. 그 궁전의 한 벽면에는 십자가형을 묘사한 것 중 가장 오래된 그림이 낙서 형태로 발견되었다. 그 조잡한 그림에는 당나귀 머리를 하고 있는 사람이 십자가에 늘어져 있다. 그런데 다른 사

---

7 Cicero, *In Verrem*, II, 5, 170, Stott, p. 24에서 재인용.
8 Cicero, *Pro Rabirio*, 16, Bruce, p. 338에서 재인용.

람이 그 십자가 아래에 서서 한 팔을 들고 예배하고 있다. 그리고 그 아래에는 모욕하는 글이 기록되어 있다. "알렉사메노스가 하나님을 예배하고 있다."[9] 이렇게 로마인들은 십자가에 달려 죽은 사람을 섬기는 자들에게 온갖 경멸을 쏟아부었다.

유대인에게는 저주

유대인은 로마인이 십자가형을 꺼려 하는 만큼, 아니 그보다 더 십자가형을 치욕스럽게 생각했다. 히브리법에 따르면 십자가에 매달려 죽은 사람은 하나님의 저주 아래 놓인 자이다. 토라(Torah)는 이렇게 말한다.

> "사람이 만일 죽을 죄를 범하므로 네가 그를 죽여 나무 위에 달거든 그 시체를 나무 위에 밤새도록 두지 말고 그 날에 장사하여 네 하나님 여호와께서 네게 기업으로 주시는 땅을 더럽히지 말라 나무에 달린 자는 하나님께 저주를 받았음이니라"(신 21:22-23).

예수님을 예루살렘 외곽에서 십자가에 달아 죽인 이유도 십자가가 저주이기 때문이다. 십자가형은 유대인들에게 매우 가증한

---

9 Stott, p. 25.

일이기 때문에 거룩한 도성 안에서 형을 집행할 수 없었다. 저주받은 사람의 저주받은 죽음은 성벽 바깥에서 일어나야만 했다.

성경이 말하는 저주와 관련하여 초기 그리스도인들은 십자가를 특이한 방식으로 묘사한다. 그들은 종종 십자가를 "나무"라고 부른 것이다. 예를 들어 사도 베드로는 예루살렘 지도자들에게 이렇게 설교했다. "너희가 나무에 달아 죽인 예수를 우리 조상의 하나님이 살리시고"(행 5:30). 그는 가이사랴에 가서도 같은 이야기를 한다. 로마 백부장인 고넬료에게 이렇게 말한 것이다. "우리는 유대인의 땅과 예루살렘에서 그가 행하신 모든 일에 증인이라 그를 그들이 나무에 달아 죽였으나"(행 10:39).

사도 바울도 십자가형을 비슷한 방식으로 묘사한다. 그는 비시디아 안디옥에 있는 회당에 들어가서 이렇게 이야기한다.

"예루살렘에 사는 자들과 그들 관리들이 예수와 및 안식일마다 외우는 바 선지자들의 말을 알지 못하므로 예수를 정죄하여 선지자들의 말을 응하게 하였도다 죽일 죄를 하나도 찾지 못하였으나 빌라도에게 죽여 달라 하였으니 성경에 그를 가리켜 기록한 말씀을 다 응하게 한 것이라 후에 나무에서 내려다가 무덤에 두었으나"
(행 13:27-29).

그들 모두 "십자가"보다 "나무"라는 단어를 사용했다는 것이 매우 흥미롭다. 두 가지 모두 사용할 수 있지만, 십자가를 "나무"라고 한 것은 구약의 저주를 떠올리게 한다.

어떤 사람은 십자가가 성부 하나님께도 거리끼는 것이라고 말한다. 구약에서 십자가를 저주라고 했기 때문이다. 십자가를 저주하신 분이 바로 하나님이다. 분명히 하나님은 나무에 달린 사람은 저주를 받은 자라고 말씀하셨다. 그런데 하나님의 아들이 십자가에 달려 죽으시면서 그 저주를 당한 것이다.

예수님이 죽으시기 직전, 하늘은 검게 변했다. 성경은 "예수께서 크게 소리 질러 이르시되 엘리 엘리 라마 사박다니 하시니 이는 곧 나의 하나님, 나의 하나님, 어찌하여 나를 버리셨나이까 하는 뜻이라"라고 전한다(마 27:46). 예수님은 하나님이 버리신 십자가 위에서 하나님께 버림받는 죽임을 당하신 것이다.

초기 그리스도인들은 왜 예수님이 나무 위에서 돌아가셨다는 사실에 이토록 민감한 것일까? 사실 십자가에서 죽으셨다는 것만으로도 유대인들에게는 굉장히 거슬리는 일이었다. 실제로 순교자 유스티누스(Justin Martyr)가 쓴 『유대인 트리포와의 대화』를 보면, 트리포는 하나님의 메시아가 나무 위에서 죽으셨다는 점을 도저히 믿을 수 없다며 거부한다.

하지만 우리는 그리스도가 그토록 수치스럽게 십자가에 달려 죽으셔야 했다는 것 자체가 의심스럽다. 십자가에서 죽은 사람은 율법의 저주를 받은 자이기 때문이다. 나는 특히 이 점 때문에 믿을 수가 없는 것이다.[10]

하지만 초기 그리스도인들은 예수님이 저주받은 십자가에서 죽으셨다는 사실을 부끄러워하지 않고 사람들에게 알렸다. 그들은 예수님이 십자가에서 죽으셔서 자신들에게 임할 하나님의 저주를 몸소 당하셨다는 사실을 이해하고 있었기 때문이다. 사도 베드로는 이것을 다음과 같이 표현한다.

"친히 나무에 달려 그 몸으로 우리 죄를 담당하셨으니"(벧전 2:24).

예수님이 십자가에서 저주받은 죽임을 당하신 것은 죄로 말미암아 우리가 받아야 마땅한 저주를 대신 받으시기 위해서였다.
십자가를 거리끼게 되는 이유는 구약에서 말하는 나무의 저주까지 거슬러 올라간다. 사도 바울은 그 관련성을 분명히 밝혔다.

---

10   Justin Martyr, *Dialogue with Trypho, a Jew*, ch. 89, eds. Alexander Roberts and James Donaldson, *Ante-Nicene Fathers* (New York, 1885; reprint, Peabody, MA: Hendrickson, 1994), 1:244.

"그리스도께서 우리를 위하여 저주를 받은 바 되사 율법의 저주에서 우리를 속량하셨으니 기록된 바 나무에 달린 자마다 저주 아래에 있는 자라 하였음이라"(갈 3:13).

도덕적인 사람에게는 모욕

십자가는 로마인들에게 혐오스러운 것이었고, 유대인들에게는 저주였다. 그리고 오늘날에도 자신이 선하다고 생각하는 모든 사람에게 십자가는 거리끼는 것이 된다.

사람들은 대부분 자신을 높이 평가한다. 자신이 도덕적으로 행동한다고 믿으며, 스스로 한 일에 감명받는다. 일반적으로 그들은 거짓말을 하지 않는다. 정직하게 행동하면서 하루를 보낸다. 그들은 동물도 잘 돌본다. 물론, 몇 가지 사소한 결점이 있을 수도 있다. 그러나 대체로 선량하다. 따져 보자면, 그들이 쌓은 미덕은 그들이 저지른 악덕을 훨씬 웃돈다. 그들은 분명 자신이 천국에 들어갈 만큼 충분히 선량하다고 생각한다. 성자는 아닐지 모르지만 어떻게 따져 봐도 어쨌든 천국의 진주 문을 지나갈 수 있을 것이라고 말이다.

그러나 십자가는 이러한 추론 과정을 완전히 부정해 버린다. 따라서 도덕적인 사람들의 기분을 완전히 잡쳐 버리고 만다. 그렇다면 십자가는 무엇이라고 하는가?

십자가에 따르면 우리는 의롭지 않다. 우리는 죄인이며, 하나님의 완전한 기준에 전혀 이르지 못한다. 예수님이 십자가에서 죽임당하셔야 했던 이유가 이것이다. 우리 자신의 죄를 포함하여 모든 인간이 죄를 저질렀기 때문이다.

게다가 십자가는 우리가 완전히 무력하다고 말한다. 우리 행위로는 천국에 들어갈 수 없는 것이다. 따라서 다른 누군가가 우리를 위해 생명을 내어놓아야 한다. 바로 이 점에서 기독교는 다른 종교들과 다르다. 다른 종교들은 우리가 신께 최선을 다해야 한다고 말한다. 그러나 기독교는 오히려 하나님이 스스로 우리를 위해 최선을 다하셨다고 말한다. 이 말은 하나님이 전적으로 도와주시지 않으면 우리가 영생을 받을 수 없다는 뜻이다. 그리스도는 십자가에서 죽으시며 인간의 무력함을 증명하셨다.

그리고 십자가는 우리에게 희망이 없다고 말한다. 그리스도의 십자가는 죄의 결과가 하나님의 분노와 저주라고 한다. 십자가는 그리스도가 없으면 죄인들이 그들의 죄로 말미암아 멸망한다는 사실을 입증한다. 우리를 다른 방식으로 구원하실 수 있었다면, 하나님은 분명히 그렇게 하셨을 것이다. 그러나 다른 길은 없다. 모든 죄는 엄청난 고난을 초래하기 때문이다.

어느 누가 자신이 전혀 의롭지 않으며 무력하고, 자신에게 희망이 없다는 말을 좋아하겠는가? 그런 사람은 없다! 사람들은 그러한 생각 자체를 꺼린다. 대부분 자신이 기본적으로 선하다고 확신하기 때문이다. 그들은 최선을 다해 살아가고, 최선의 결과가 있기를 바란다. 이러한 태도를 견지하기 때문에 도덕적인 사람들에게 십자가는 거리끼는 것이 된다. 십자가는 우리 모두 죄로 말미암아 죽을 수밖에 없다고 경고한다. 우리 스스로 할 수 있는 것은 없고, 그리스도가 없으면 희망도 없다고 분명하게 선포한다.

예수님은 십자가를 개의치 않으셨다

우리는 의롭지 않고, 무력하며, 희망도 없다. 십자가 앞에 나아가 예수 그리스도의 의를 구하고, 도움을 구하며, 희망을 구하기까지는 말이다. 그럴 때 비로소 우리는 십자가가 우리에게 절실한 희망과 도움으로 가득하다는 사실을 깨닫는다.

예수님은 십자가를 거리끼는 것으로 생각하지 않으셨다. 그 수치스러움을 수치로 여기지 않으셨다.

> "믿음의 주요 또 온전하게 하시는 이인 예수를 바라보자 그는 그 앞에 있는 기쁨을 위하여 십자가를 참으사 부끄러움을 개의치 아니하시더니 하나님 보좌 우편에 앉으셨느니라"(히 12:2).

예수님은 십자가의 부끄러움을 개의치 않으셨다. 그분은 십자가가 로마인들에게 가증스러운 것임을 아셨다. 유대인, 심지어 성부 하나님께도 십자가가 저주임을 아셨다. 십자가가 자신의 행위로 천국에 가려고 하는 모든 자에게 모욕이 된다는 점도 알고 계셨다. 이처럼 다른 사람들이 십자가를 몹시 꺼려 할지라도 예수 그리스도는 그 모든 수치를 개의치 않으셨다. 그리고 우리의 영원한 유익을 위해 스스로 기꺼이 그 형벌을 당하셨다. 십자가에서 당하게 될 수치도 우리 죄를 속하시려는 예수님을 돌이키지 못했다.

그토록 꺼려지는 상징물이 어떻게 수 세기 동안 지속될 수 있었을까? 어떻게 로마인들이 경멸하고, 유대인들은 저주하며, 모든 도덕적인 사람들이 멀리하던 상징물이 2,000년을 존속할 수 있었을까? 바로 그리스도가 십자가의 수치를 개의치 않으셨기 때문이다.

예수님은 십자가를 거리끼는 것으로 여기지 않으셨다. 그분께 십자가란 자기 백성을 구원하기 위해 기꺼이 치러야 할 대가였을 뿐이다. 그리고 예수님을 사랑하는 모든 사람에게도 십자가는 거리끼는 것이 되지 않는다. 십자가는 우리를 위해 자신의 생명을 주신 구세주의 영원한 사랑의 증거물이기 때문이다.

"그는 그 앞에 있는 기쁨을 위하여 십자가를 참으사
부끄러움을 개의치 아니하시더니"(히 12:2).

1. 십자가는 나에 대해 무엇이라고 말합니까?

2. 십자가는 내가 얼마나 무력하고 불의한지 보여주면서도, 그러한 나를 하나님이 사랑하신다는 증거입니다. 하나님의 사랑의 증거인 십자가를 묵상해 보십시오.

초기 그리스도인들은 예수님이 저주받은 십자가에서 죽으셨다는 사실을 부끄러워하지 않고 사람들에게 알렸습니다. 그들은 예수님이 십자가에서 죽으셔서 자신들에게 임할 하나님의 저주를 몸소 당하셨다는 사실을 이해하고 있었기 때문입니다. 예수님이 십자가에서 죽임을 당하신 것은 죄로 말미암아 우리가 받아야 마땅한 저주를 대신 받으시기 위해서였습니다.

chapter 3

평화를 가져오는 십자가

필립 라이큰

"그의 십자가의 피로 화평을 이루사"(골 1:20).

이 세상에서 화평(평화)을 이루기란 쉬운 일이 아니다. 설령 평화가 이루어진다 하더라도 그것을 유지하기란 더 힘들다. 네빌 체임벌린(Neville Chamberlain)은 2차 세계대전이 일어나면서 이 교훈을 직접 체험했다.

1938년 당시 영국의 수상이었던 체임벌린은 아돌프 히틀러(Adolf Hitler)와 뮌헨조약에 서명을 했다. 그리고 영국에 돌아오면서 "우리 시대의 평화"를 이루었다고 자랑스럽게 선포했다. 하지만 1년 후 히틀러는 폴란드를 침공하였고, 세계는 전쟁의 심연으로 떨어지고 말았다. 결국 네빌 체임벌린은 구약에서 예레미야가 경고한 거짓 선지자일 뿐이었다는 점이 드러나고 말았다. "평강하다, 평강하다 하나 평강이 없도다"(렘 8:11).

역사상 평화의 소문이 들려오던 때가 있었다. 발칸반도, 북아일랜드, 중동, 그 외의 여러 지역에서 때때로 평화가 선포되었다. 세계 지도자들은 갖가지 협정에 서명하기도 한다. 그러나 진정한 평화는 없다. 사실, 정치인들은 더 이상 "평화"를 말하지 않는다. 그저 "평화 협상"만 말할 뿐이다. 협상에 대해서만 이야기할 뿐, 실제로는 평화를 논하지 않는다.

인간은 하나님과 전쟁 중

세계가 늘 전쟁하고 있는 것처럼 보이는 이유가 있다. 바로 인류가 하나님을 반역했기 때문이다. 아담과 하와가 하나님이 금하신 열매를 먹은 날부터 하나님과 하나님이 지으신 사람들 사이에는 전쟁이 끊이지 않고 있다. 우리의 첫 부모가 죄를 지으면서 적대감이 생겨났고, 이것은 곧 어마어마하게 확산되었다.

> "이에 그들의 눈이 밝아져 자기들이 벗은 줄을 알고 무화과나무 잎을 엮어 치마로 삼았더라 그들이 그 날 바람이 불 때 동산에 거니시는 여호와 하나님의 소리를 듣고 아담과 그의 아내가 여호와 하

나님의 낯을 피하여 동산 나무 사이에 숨은지라 여호와 하나님이 아담을 부르시며 그에게 이르시되 네가 어디 있느냐 이르되 내가 동산에서 하나님의 소리를 듣고 내가 벗었으므로 두려워하여 숨었나이다"(창 3:7-10).

"아담과 그의 아내가 여호와 하나님의 낯을 피하여 동산 나무 사이에 숨은지라." 위장과 후퇴! 이것은 전쟁터에서 사용하는 전략이다! 아담과 하와는 하나님과 자신들 사이에 균열이 일어났다는 사실을 알았다. 한때 그들은 하나님이 걸어오는 소리만 들어도 기뻐했다. 그러나 이제 그들의 마음은 두려움으로 가득하다. 자신을 은폐하기로 작정하면서 우리의 첫 부모는 하나님과 전쟁을 일으키게 된 것이다.

모든 인간은 아담의 아들이거나 하와의 딸이다. 따라서 이 세상에 발을 디딘 사람은 모두 이미 하나님과 전쟁하고 있는 것이다. 이것은 전시에 태어난 모든 자녀에게 해당한다. 그들이 어느 편에 설지는 이미 정해져 있다. 전시에 태어난 자녀는 이미 한쪽 편을 택한 셈이다. 아니, 택함을 받은 것이다. 마찬가지로 모든 인류는 하나님께 대항하는 무기를 쥔 채 이 세상에 태어난다.

우리가 하나님과 전쟁 중이라는 사실을 어떻게 알 수 있을까? 첫째, 하나님의 말씀이 그렇다고 증언한다. 성경은 우리가 "전에

악한 행실로 멀리 떠나 마음으로 원수가 되었던"(골 1:21)이라고 말한다. 우리는 세상이 주는 모든 것을 사랑한다. 하지만 "세상과 벗이 되고자 하는 자는 스스로 하나님과 원수 되는 것"(약 4:4)이다. 우리는 자신이 하나님과 "원수"가 되었음을 안다(롬 5:10).

둘째, 괴로워하는 우리 양심이 증거한다. 당신은 당신의 생각과 언행 때문에 죄책감을 느낀 적이 있는가? 사실이 아닌 것을 말한 적이 있는가? 당신 소유가 아닌 것을 취한 적이 있는가? 사람들은 대부분 양심의 가책을 느낀다. 자신이 어디에 갔었는지, 무슨 일을 했는지, 무슨 생각을 하는지 하나님이 모르시기를 바랄 때가 있다. 양심의 가책은 전쟁이 일어나고 있다는 경고이다. 이것은 우리 죄 때문에 우리가 하나님의 적이 되었다는 사실을 입증한다.

마지막으로 우리가 하나님과 평화를 누리지 못하고 있다는 사실을 알 수 있는 근거가 있다. 바로 다른 사람들과 평화를 누리지 못한다는 사실이다. 이 시대에는 이혼이 증가하고, 아동 학대가 난무하고 있다. 법원은 까마득하게 밀려 있는 고소와 맞고소를 감당하지 못하고 있다. 이웃들 사이에 오랫동안 불화가 지속되고, 직장에서는 사소한 험담이 끊이지 않는다. 우리가 하나님과 평화를 누렸다면 우리 시대에도 평화가 있었을 것이다. 그러나 오늘날 현실이 증명하듯, 온 세상은 지금 전쟁 중이다.

전쟁을 끝낼 유일한 방법

이 세상은 십자가가 절실히 필요하다. 십자가만이 평화를 이룰 수 있기 때문이다. 하늘에 맞서서 우리가 벌인 이 전쟁은 그리스도의 십자가만이 끝낼 수 있다.

> "아버지께서는 모든 충만으로 예수 안에 거하게 하시고 그의 십자가의 피로 화평을 이루사 만물 곧 땅에 있는 것들이나 하늘에 있는 것들이 그로 말미암아 자기와 화목하게 되기를 기뻐하심이라" (골 1:19-20).

성경이 하나님과 사람의 평화를 묘사할 때 사용하는 용어 중 하나가 바로 "화목"(reconciliation)이다. "화목하다"의 기본적인 의미는 교환을 한다는 것이다.[11] 이 단어는 성경 시대에 시장에서 상품을 교환할 때 사용되었다. 당신이 내게 1,000원을 건넨다고 하자. 그랬을 때 내가 당신에게 500원짜리 동전 하나, 100원짜리 동전 두 개, 50원짜리 동전 다섯 개, 10원짜리 동전 다섯 개를 돌려주었다면 우리는 화목한 것이다. 공정하게 거래했기 때문이다(나를 믿어주십시오!).

---

11 Leon Morris, *The Apostolic Preaching of the Cross* (London, 1965; reprint, Grand Rapids, MI: Eerdmans, 1994), p. 215.

성경에서 하나님과 사람의 화목을 이야기할 때는 교환이 이루어졌음을 뜻한다. 하나님과 우리 사이에 교환이 이루어진 것이다. 증오가 사랑과 교환되었다. 우리는 이제 하나님의 적이 아니다. 하나님의 친구이다.

화목이란 단순히 하나님께 대한 우리 마음을 바꾸는 것이 아니다. 알아서 하도록 내버려 두면 우리는 절대 하나님께 대한 마음을 바꿀 수 없다. 우리는 끊임없이 반역을 저지를 것이다. 화목은 절대 저절로 생겨나지 않는다. 사람이 하나님과 화목해지려면, 하나님이 첫걸음을 떼어 놓으셔야 한다. 하나님이 먼저 시작하셔야 하는 것이다. 그리고 하나님은 그렇게 하신다. 레온 모리스(Leon Morris)는 이렇게 말한다.

> 성경은 "하나님이 사람과 화목하게 되셨다"고 하지 않는다. 성경에서 하나님은 거의 항상 동사의 주체로 등장하며, 그분이 "사람을 자신과 화목하게 하셨다"고 한다. 이렇게 표현한 것은 화목하게 되는 과정이 하나님에게서 시작된다는 진리를 강조하기 위해서이다. 하나님의 사랑이 발현해야만 사람은 자신의 창조주와 바른 관계를 누릴 수 있는 것이다.[12]

---

12 앞의 책, p. 220.

이렇듯, 화목에 대한 성경 구절에서 화목하게 하시는 분은 언제나 하나님이다. 골로새서 1장이 좋은 예이다.

"하나님은……하늘에 있는 것이든 땅에 있는 것이든 모든 것을 그분을 통해 자기와 화해하게 하셨습니다"(20절, 현대인의성경).

화목은 우리에게 하나님의 성품에 대한 놀라운 진리를 가르쳐 준다. 즉, 하나님이 자신의 원수와 친구가 되셨다는 사실이다. 하나님은 자신을 증오하는 자들을 사랑하신다. 자신에게 전쟁을 일으킨 자들에게 평화를 제안하신다. 부당한 대우를 받은 쪽은 하나님이지만, 기꺼이 모든 것을 바로잡으신다. 게다가 하나님은 전투가 격렬하게 벌어지는 와중에 그렇게 하신다.

"곧 우리가 원수 되었을 때에 그의 아들의 죽으심으로 말미암아 하나님과 화목하게 되었은즉"(롬 5:10).

하나님이 우리를 자신과 화목하게 하신 방법이 바로 그리스도의 십자가이다. 구체적으로 그리스도의 피를 통해 그렇게 하셨다. 하나님은 "그의 십자가의 피로 화평"(골 1:20)을 이루신 것이다. 예수 그리스도는 십자가에서 화목제물로 죽으셨다. 죄 때문에 인간과 하나님 사이에 균열이 생겼고, 화목하게 되기 위해서는 우리의 죗값을 치러 그 죄를 제거해야 했던 것이다.

그러나 단지 처음에 전쟁을 촉발시킨 이유를 덮어 버리는 방법으로는 화목해질 수 없다. 실제적인 문제를 어떻게 처리하느냐에 따라 참된 평화를 이룰 수도 있고, 그러지 않을 수도 있는 것이다. 말드윈 휴스(H. Maldwyn Hughes)는 이렇게 말한다.

> 모욕감을 느끼게 하는 깊은 근원을 무시하면서 사람들이 서로 화목해질 수는 없다. 완전하고 지속적인 화목을 이루려면 그 근원을 박멸하고 없애 버려야 한다. 죄를 덮어 버리는 손쉬운 방법으로는 하나님과 사람이 화목할 수 없다. 오직 죄를 극복해야 가능하다.[13]

바로 예수님이 십자가에서 이 일을 행하셨다. 죄를 대속하시고, 물리치시고, 극복하셔서 우리를 하나님과 화목하게 하셨다. 이사야 선지자는 이 사실을 다음과 같이 아름답게 그려 낸다. "그가 징계를 받으므로 우리는 평화를 누리고"(사 53:5).

충격적인 사실은 성경이 십자가의 평화를 이야기할 때 과거 시제를 사용한다는 것이다. 성경은 예수 그리스도가 이미 십자가

---

13 H. Maldwyn Hughes, *What Is the Atonement?* (London: J. Clarke & Co. Ltd. 1924), p. 146.

에서 사람과 하나님을 화목하게 하셨다고 말한다. 예수님이 십자가에서 못 박혀 죽으신 것은 실제로 일어난 사건이기 때문이다. 따라서 하나님과 사람의 화목은 완전한 것이 되었다. 스코틀랜드 신학자인 포사이스(P. T. Forsyth)는 이렇게 말한다.

> 화목은 그리스도의 죽으심으로 종결되었다. 바울은 점진적인 화목을 말하지 않았다. 오래된 경건 서적들은 이것을 성취된 사역이라고 하며, 바울도 그렇게 전한다.……그는 모든 것이 단번에 다 이루어졌다고 전한다.[14]

그렇다! 화목은 이미 성취되었다! 십자가의 평화를 받아들여라. 실제로 십자가 앞에 나아가는 것이 하나님과 화목할 수 있는 길이다. 하나님과 평화를 누리려는 자는 그리스도가 이미 성취하신 그 사역을 신뢰해야 한다.

"화평하게 하는 자는 복이 있나니"

그렇지만 하나님과의 평화로 끝나는 것은 아니다. 이 평화를 누리는 사람은 반드시 다른 사람들과도 평화를 누려야 한다.

---

14   P. T. Forsyth, *The Work of Christ* (London: Fontana, 1948), p. 86.

"그가 그리스도로 말미암아 우리를 자기와 화목하게 하시고 또 우리에게 화목하게 하는 직분을 주셨으니 곧 하나님께서 그리스도 안에 계시사 세상을 자기와 화목하게 하시며 그들의 죄를 그들에게 돌리지 아니하시고 화목하게 하는 말씀을 우리에게 부탁하셨느니라"(고후 5:18-19).

다른 말로 하자면, 하나님과 평화를 누린다는 것은 다른 사람과 평화롭게 살아간다는 것이다. 그리스도인은 반드시 가족, 친구, 이웃, 함께 일하는 사람들과 평화로운 관계를 유지해야 한다. 아직 자신에게 원수가 있다고 생각하는 사람은 반드시 하나님이 자신의 원수에게 하셨던 것처럼 해야 한다. 즉, 먼저 나서서 화목을 이뤄야 한다. 물론 언제나 가능한 일은 아니지만, 성경은 그리스도인들에게 "모든 사람과 더불어 화평함과 거룩함을 따르라"(히 12:14)고 분명하게 명한다. 우리가 하나님과 평화를 누릴 때 나타나는 한 가지 징표가 있다. 바로 다른 사람들과 평화를 유지하기 위해 노력하게 된다는 것이다.

서로 화목하지 못한 두 여성이 있었다. 그들은 여러 해 동안 같은 교회에 다녔다. 원래 그 둘은 굉장한 단짝이었는데, 한 사람이 심각한 잘못을 저질러 친구의 맘을 상하게 하고 말았다. 결국 상처를 입은 여성은 교회를 떠났다. 친밀한 우정으로 맺어졌던 관계가 쓰라린 증오만 남긴 것이다. 그들은 오랜 세월 동안 만나지 않았고, 그 일에 대해 이야기를 나눌 수도 없었다.

그러던 어느 날, 그들은 슈퍼마켓 유제품 코너에서 화해하게 되었다. 순식간에 일어난 일이었다. 교회를 떠났던 여성이 몸을 숙여 우유 한 갑을 집고 나서 몸을 일으켜 보니 눈앞에 옛 친구가 팔을 벌리고 서 있었던 것이다. 그들은 포옹했다. 그러고 나서 잘못을 저질렀던 친구가 사과를 했다. 그들은 다시 평화를 이루게 되었다.

두 여인의 평화는 십자가의 평화에서 흘러나온 것이다. 그들이 이룬 화목은 골로새서 1장 말씀에서 말하는 화평의 한 부분일 뿐이다.

"아버지께서는 모든 충만으로 예수 안에 거하게 하시고 그의 십자가의 피로 화평을 이루사 만물 곧 땅에 있는 것들이나 하늘에 있는 것들이 그로 말미암아 자기와 화목하게 되기를 기뻐하심이라" (골 1:19-20).

예수 그리스도의 화목하게 하시는 역사로 말미암아 이러한 평화를 경험했다면, 우리도 마땅히 다른 이들과 평화를 추구해야 할 것이다.

"그의 십자가의 피로 화평을 이루사"(골 1:20).

1. 삶 가운데 하나님과 평화를 누리지 못하고 있는 영역은 무엇입니까?

2. 십자가는 하나님과 우리를 화목하게 할 뿐 아니라, 다른 사람과도 화목하라고 명합니다. 예수님의 보혈로 화평을 이루는 십자가를 묵상해 보십시오.

화목은 우리에게 하나님의 성품에 대한 놀라운 진리를 가르쳐 줍니다. 즉, 하나님이 자신의 원수와 친구가 되셨다는 사실입니다. 하나님은 자신을 증오하는 자들도 사랑하십니다. 자신에게 전쟁을 일으킨 자들에게 평화를 제안하십니다. 부당한 대우를 받은 쪽은 하나님이지만, 기꺼이 모든 것을 바로잡으십니다.

chapter 4

능력 있는 십자가

필립 라이큰

"십자가의 도가 멸망하는 자들에게는 미련한 것이요 구원을 받는 우리에게는 하나님의 능력이라"(고전 1:18).

십자가에 달린 사람보다 더 약한 존재가 있을까? 그는 모든 위험에 완전히 노출된 상태이다. 벌거벗었기 때문이다. 비바람을 그대로 맞을 뿐만 아니라, 벌거벗었다는 수치스러움에도 노출되어 있다. 또한 그가 가장 약한 모습으로 십자가에 달려 있는 것을 모든 사람이 본다.

게다가 십자가는 신체적으로도 사람을 연약하게 만든다. 십자가에 매달려 있을수록 사람은 약해진다. 맥박과 숨이 점점 약해지면서 숨을 거두게 된다. 피할 수 없는 마지막이 다가오는 것을 알면서도 어찌할 도리가 없다. 십자가에 달린 사람은 가장 약한 존재이다. 그는 희생물이다. 승리자가 될 수 없다.

"십자가에 달린 사람은 연약하다"는 사실 때문에 그토록 많은 사람이 예수 그리스도를 거부한 것일지도 모른다. 아마 그들도 그리스도의 가르침을 들었을 것이다. 예수님의 일대기가 성경 어딘가에 있다는 사실도 알 것이다. 심지어 예수님이 십자가에서 죽었다는 사실도 알지 모른다. 그러나 그들에게 이러한 사실들은 별 의미가 없다. 십자가에 달려 죽은 사람에게 뭐 그리 대단한 것이 있겠는가?

고루하고 어리석은 십자가

그리스도인들은 예수 그리스도가 십자가에 달려 죽으시고 부활하신 사건이 세계의 모든 역사에서 가장 중요한 일이라고 믿는다. 그들에게 예수님의 십자가는 모든 희망과 위안의 근원이 된다. 그런데 어떤 이들은 예수님을 따르는 자들의 마음을 사로잡은 바로 그 십자가 때문에 예수님께 나아가지 못한다.

그리스도가 이 땅에 계실 때에도 마찬가지였다. 유대인들은 초자연적인 것을 추구했다. 그들은 로마에 지배당하고 있었기 때문에 자신들의 경제나 운명을 통제할 수 없었다. 그래서 성경은 유대인들이 "표적을 구하고"(고전 1:22)라고 한다. 그들은 하나님이 로마의 압제에서 구원해 주실 분을 보내 주시길 기대했다. 강력한 전사가 나타나 초자연적인 힘을 발휘하여 자신들을 구원해 주길 바란 것이다. 그렇기 때문에 예수님이 표적을 보여 주시지 않았다면 그들은 예수님을 믿지 않았을 것이다.

반면 헬라인들은 다른 종류의 증거를 원했다. 그들은 고대 세계의 지식인들이었다. 헬라인들은 "새로운 것"(행 17:21)에 대해 이야기 나누는 것으로 시간을 보냈다. 종교에 관해서는 합리주의자였다. 이치에 맞는 증거로 예수님이 세상의 구원자라는 사실을 입증하지 못한다면, 믿을 수 없다고 했다. 따라서 성경은 "헬라인은 지혜를 찾으나"(고전 1:22)라고 말한다.

유대인과 헬라인은 이러한 태도를 견지했기 때문에 예수 그리스도에게 그다지 관심을 보이지 않았다. 예수님은 그저 십자가에 달려 죽은 "한 사람"일 뿐이었다.

특히 유대인들에게 십자가에 달려 죽은 그리스도는 오히려 방해물이었다. 성경은 유대인이 십자가에 못 박힌 그리스도를 "거리끼게"(고전 1:23) 여겼기 때문에 구원받지 못했다고 말한다. 한낱 죄수로 사형당한 남자에게 무슨 기적을 바라겠는가? 유대인에게 십자가는 방해물이었다. 십자가는 연약하기 때문이다.

또한 헬라인에게 십자가는 미련한 것이었다. 하나님께 버림받아 죽어 버린 자에게 무슨 지혜가 있겠는가? 어떻게 한 사람의 피가 세상의 모든 죄를 대속한다는 것인가? 헬라인에게 십자가는 특별한 것이 될 수 없었다. 그들이 자랑하는 탁월한 지성에 그다지 호소력이 없었기 때문이다. 따라서 십자가에 달리신 그리스도는 "유대인에게는 거리끼는 것이요 이방인에게는 미련한 것"(고전 1:23)이었다.

현대인들에게도 예수 그리스도의 십자가는 여전히 방해물이다. 종교적인 사람들은 그리스도 시대에 사람들이 구하던 것을 똑같이 찾고 있다. 그들은 하나님이 또 다른 기적이나 더 나은 증거를 보여 주시지 않으면 그리스도를 신뢰하지 못하겠다고 말한다.

고대 유대인들과 마찬가지로 초자연적인 표적을 기다리는 사람들이 있다. 이런 사람이 많기 때문에 점쟁이나 신앙요법 치료자들이 그토록 인기 있는 것이다. 그들은 적은 비용으로 미래를 보여 주겠다고 하거나 텔레비전에 나와 기적을 행한다. 기독교에 대해서도 기적을 봐야 믿겠다는 사람들이 있다. 그들은 "하나님이 하늘에서 내려오셔서 직접 자신을 보여 주신다면 믿겠다."라고 말한다.

이처럼 기적을 구하는 사람들은 마치 존 업다이크(John Updike)가 쓴 짧은 이야기인 『비둘기 깃털』에 나오는 어떤 소년과 매우 비슷하다.

자신이 그런 시도를 했다는 것이 놀랍기는 했지만, 어쨌든 소년은 어둠을 향해 머리 위로 손을 들며 그리스도께 자기 손을 만져 달라고 빌었다. 세게 쥐어 주지 않아도, 오래 쥐어 주지 않아도 괜찮았다. 아주 미약하게, 아주 짧은 순간만이라도 만져 주시면 평생 족할 것이었다.[15]

마침내 하나님은 그 소년을 만지셨다. 하지만 육체의 손으로 만져 주신 것은 아니었다.

또 어떤 이들은 지혜를 구한다. 그렇게 많은 수는 아닐지라도 지혜를 구하는 사람들이 있다. 그들은 대학에 진학한다. 그리고 철학을 공부하고, 인문 과학이 이룬 최신 성과에 관한 글을 탐독한다. 그들은 종교에 대해서라면, 하나님이 모든 질문에 답해 주시기를 원한다. 누군가 자연의 신비를 파헤쳐 주거나, 인간의 자유 문제를 해결해 주거나, 영혼의 실재를 증명하는 실질적인 증거를 보여 줄 때까지는 예수님을 믿지 않는다.

그들은 철학자 버트런드 러셀(Bertrand Russell) 같은 사람들이다. 한번은 기자가 러셀을 인터뷰하면서, 만일 갑자기 천국에서 두 눈으로 직접 하나님을 보게 된다면 무슨 말을 할 것이냐고 물었

---

15 John Updike, *Pigeon Feathers and Other Stories* (New York: Fawcett Crest, 1963), p. 92.

다. 그러자 러셀은 이렇게 답했다. "제게 왜 더 확실한 증거를 주지 않으셨습니까?"[16]

세상은 여전히 기적이나 지적으로 받아들일 수 있는 증거를 요구한다. 그러나 기독교가 내놓는 것은 하나님이 사람으로 오셔서 십자가에서 죽으셨다는 사실뿐이다. 십자가에 못 박혀 죽는 것은 포스트모던 시대를 살아가는 사람들이 기대하는 바가 아니다. 만약 하나님이 다른 종류의 기적을 행하시거나 증거를 제시하신다면 세상이 그 이야기를 들을지도 모르겠다. 하지만 그러기 전까지 십자가는 고루하고 어리석은, 신앙의 장애물로 남을 것이다.

십자가에는 사랑의 능력이 있다

그리스도의 십자가는 인간의 기대 사항을 충족시켜주지 않는다. 어떻게 보면 예수님이 십자가에서 죽으신 것은 그저 로마 시대에 있었던 수많은 사형 집행 중 하나일 뿐이다. 그렇기 때문에 힘을 추구하는 자들에게 그리스도의 십자가는 연약해 보인다. 또한 지혜를 구하는 자들에게는 어리석어 보인다. 그러나 그것은 인간의 관점에서 볼 때만 그런 것이다.

---

16 Sir Bertrand Russell, Leo Rosten, "Bertrand Russell and God: A Memoir," *The Saturday Review* (February 23, 1974), p. 26에서 재인용.

하나님의 관점에서 십자가는 무능하지도, 무지하지도 않다. 오히려 능력과 지혜가 가득하다.

"십자가의 도가 멸망하는 자들에게는 미련한 것이요 구원을 받는 우리에게는 하나님의 능력이라"(고전 1:18).

이 말씀을 이해하기 위해서는 하나님이 어떤 사람보다도 지혜로우시고 강하시다는 사실을 명심해야 한다. 하나님은 이 세상의 모든 천재를 합한 것보다 지혜로우시다. 쉬운 말로 하자면, 하나님의 왼쪽 새끼손가락이 세상에서 가장 힘센 사람의 이두박근보다 강하다. 성경 말씀 한 구절을 또 찾아보자.

"하나님의 어리석음이 사람보다 지혜롭고 하나님의 약하심이 사람보다 강하니라"(고전 1:25).

죽을 수밖에 없는 사람들에게는 연약하고 어리석어 보일지 모르지만, 그리스도의 십자가는 하나님의 능력과 지혜를 분명하게 보여 준다. 그것도 여러 면에서 그렇다. 먼저, 십자가는 하나님의 사랑을 강력하게 입증한다.

사랑에서는 말보다 행동이 우선이다. 한 남자가 한 여자에게 사랑을 고백한다고 하자. 그 여자는 남자의 사랑을 어떻게 확신할 수 있을까? 그가 사랑을 직접 보여 주면 알 수 있을 것이다. 선물은 사랑을 입증하는 좋은 방법이다. 특히 귀중하고 진귀한 선물은 더욱 그렇다. 값비싼 선물도 그럴 것이다. 또는 여자가 늘 필요로 하거나 원하던 것이 가장 좋은 선물일 수도 있다.

하나님이 예수님을 보내셔서 십자가에 죽게 하신 것이 바로 그런 선물이었다. 이것은 매우 귀중한 선물이다. 하나님이 자신의 아들을 직접 주셨기 때문이다. 또한 진귀한 선물이기도 하다. 예수님은 하나님의 유일한 아들이기 때문이다. 그리고 매우 값비싼 선물이다. 다른 그 무엇보다 값지다. 그 선물의 값은 예수님의 생명이기 때문이다. 무엇보다 그리스도의 십자가는 인류가 언제나 바라던 바로 그 선물이다. 예수님이 십자가에서 죽으셔서 모든 인류가 언제나 갈망하던 하나님과의 영원한 친교를 누리게 되었기 때문이다.

"하나님이 세상을 이처럼 사랑하사 독생자를 주셨으니 이는 그를 믿는 자마다 멸망하지 않고 영생을 얻게 하려 하심이라"(요 3:16).

십자가의 능력은 곧 사랑의 능력이다. 예수님은 십자가에서 죽으시면서 하나님의 사랑을 가장 온전한 형태로 보여 주셨다. 증거를 찾는 자들에게 십자가는 충분한 증거가 된다. 예수 그리스도가 십자가에서 돌아가신 것은 하나님이 죄인을 끝없이 사랑하신다는 사실을 증명할 수 있는 유일한 증거이다.

십자가에는 용서의 지혜가 있다

십자가는 하나님의 지혜, 바로 용서의 지혜를 증명하는 강력한 증거물이기도 하다. 인간은 하나님과 동등한 위치에서 하나님께 다가갈 수 없다. 우리는 어마어마한 부채를 안은 채로 하나님께 나아갈 수밖에 없기 때문이다. 죄를 지으면서 우리는 하나님께 부채를 졌다. 우리가 내뱉은 거짓말과 저주의 말, 우리가 초래한 상처, 우리가 드리지 않은 예배, 이 모두가 어마어마한 죄의 부채가 된다. 이 엄청난 빚을 어떻게 해결할 수 있을까?

여기에서 하나님의 지혜가 개입하게 된다. 하나님은 영원한 시간이 소요될 정도로 치밀한 할부 제도를 만들어 내서서 죄인에게 그 죗값을 어떻게든 받아 내려 하지 않으셨다. 반대로 그 영원한 부채를 십자가에서 단번에 해결하셨다. 자신의 아들을 희생 제물로 주어 죄의 대가로 삼으신 것이다. 예수님은 십자가에 달리시면서 모든 죄의 대가를 하나도 빠짐없이 치르셨다. 예수님이 십자가에 달려 돌아가셨기 때문에 하나님은 자기 백성의 모든 죄를 한 번에 사하실 수 있었다.

십자가에는 엄청난 지혜가 있다. 십자가의 능력은 제한이 없다. 십자가의 지혜와 능력은 죄를 용서하는 지혜와 능력이다. 기적을 찾는 자들에게 십자가는 충분한 기적이 된다. 예수 그리스도가 십자가에 달려 돌아가시면서 값없이 완전한 용서가 이루어졌기 때문이다.

십자가는 구원을 이루는 능력이다

당신은 그리스도의 십자가를 무엇이라고 생각하는가? 십자가는 지혜로운가, 어리석은가? 십자가는 강한가, 약한가? 우리는 반드시 이 질문에 대답해야 한다. 십자가는 이것 아니면 저것이다. 둘 다일 수는 없다. 그리스도의 십자가가 구원을 이루는 하나님의 능력이라면, 십자가는 가장 강하고 지혜로운 것이다. 그러나 십자가에 구원의 능력이 없다면, 현대인의 삶과 전혀 관련 없는 것일 뿐이다. 그렇다면 같은 질문을 다시 던져야 할 것이다. "당신은 그리스도의 십자가를 무엇이라고 생각하는가?"

안타깝게도 십자가를 전혀 이해하지 못하는 사람들이 분명히 있다. 그들은 앞으로도 절대 십자가를 이해하지 못할 것이다. 심판 날까지도 예수 그리스도가 십자가에 달려 돌아가신 것은 미련한 짓이었다고 생각할 것이다. 십자가의 의미는 십자가로 구원받은 자들에게만 통한다.

"십자가의 도가 멸망하는 자들에게는 미련한 것이요 구원을 받는 우리에게는 하나님의 능력이라"(고전 1:18).

다르게 표현하자면, 십자가는 예수 그리스도가 자신을 구원하셨다고 신뢰하는 자들에게만 의미 있다는 것이다. 그들에게 십자가는 하나님의 사랑을 보여 주는 증거이자 하나님이 용서를 베푸셨다는 기적이다. 이것은 약하지도 않고 어리석지도 않다. 오히려 강하고 지혜롭다.

그러면 십자가가 여전히 미련하게 보이는 자들은 어떻게 해야 할까? 분명한 사실은 하나님께 그 의미를 물으며 계속 이해하기 위해 노력해야 한다는 것이다. 기적이나 증거를 요구하는 대신 도움을 구하는 자들에게 예수 그리스도는 십자가의 사랑과 용서를 베푸실 것이다. 이것이 바로 하나님의 능력이다.

> "십자가의 도가 멸망하는 자들에게는 미련한 것이요
> 구원을 받는 우리에게는 하나님의 능력이라"(고전 1:18).

1. 유대인과 헬라인은 왜 예수님이 구원자라는 것을 믿지 못했습니까? 당신이 그 당시에 살았다면, 어땠을 것 같습니까?

_____

_____

2. 놀라운 기적이나 확실한 증거를 바라는 사람들에게 그리스도의 십자가는 무력하고 수치스러운 사형틀일 뿐입니다. 그러나 하나님은 이 사형틀을 통해 구원을 이루셨습니다. 구원의 능력이 있는 십자가를 묵상해 보십시오.

_____

_____

힘을 추구하는 자들에게 그리스도의 십자가는 연약해 보입니다. 또한 지혜를 구하는 자들에게는 어리석어 보입니다. 그러나 그것은 인간의 관점에서 볼 때만 그런 것입니다. 하나님의 관점에서 십자가는 무능하지도, 무지하지도 않습니다. 오히려 능력과 지혜가 가득합니다.

chapter 5

승리를 가져다주는 십자가

필립 라이큰

"통치자들과 권세들을 무력화하여 드러내어
구경거리로 삼으시고 십자가로 그들을 이기셨느니라"(골 2:15).

예수 그리스도가 예루살렘 외곽에서 못 박혀 돌아가셨을 때 세 가지가 그 십자가에 못 박혔다. 첫째 예수님 자신이다. 성경은 분명하게 말한다. "그들은 예수님을 십자가에 못 박고 나서" (막 15:24, 현대인의성경).

로마 관습에 따르면 십자가형을 받은 사형수의 손목과 발목에 무거운 쇠못을 관통시켰다. 로마 군병들은 예수님께도 그렇게 했다. 이를 두고 성경은 "못 박아 죽였으나"(행 2:23)라고 말한다. 그렇기 때문에 예수님은 죽은 자 가운데서 살아나신 후에 제자들에게 손에 있는 못 자국을 보여 주실 수 있었다(요 20:25-27). 실제로 예수님은 못으로 십자가에 박히셨기 때문이다.

또한 예수님이 죽으실 때 십자가에 못 박힌 다른 것이 있다. 바로 총독이 작성한 명패이다. 성경은 "패를 써서 십자가 위에 붙이니 나사렛 예수 유대인의 왕이라 기록되었더라"(요 19:19)라고 전한다. 이렇게 널리 알린 것은 하나님이 하신 일이다. 그 십자가를 보는 모든 사람에게 하나님의 아들이 이스라엘의 진정한 왕이라는 사실을 알리기 원하셨기 때문이다. 아마 이 명패는 군사들이 망치와 못으로 그리스도의 십자가에 고정했을 것이다.

부채 증서

그리스도의 십자가에 못 박힌 것이 또 있다. 놀랍게도 하나님이 그것을 직접 십자가에 못 박으셨다. 그것은 인간의 눈으로는 볼 수 없다. 성경은 하나님이 "우리의 모든 죄를 사하시고 우리를 거스르고 불리하게 하는 법조문으로 쓴 증서를 지우시고 제하여 버리사 십자가에 못 박으시고"(골 2:13-14)라고 전한다. 십자가에 못 박힌 셋째는 바로 법조문으로 쓴 증서이다.

"법조문으로 쓴 증서"란 도대체 무엇일까? 이 질문에 답하기 위해서는 로마 시대의 상거래를 이해해야 한다. "법조문으로 쓴 증서"에 해당하는 헬라어 "케이로그라폰"은 "손으로 쓰다" 또는

"손으로 서명하다"라는 의미가 있다. 이 단어는 모든 종류의 서명에 해당한다.

하지만 이 단어에는 특수한 의미도 있다. 재무(finance)와 관련하여 이 단어를 사용하면 채무자가 직접 손으로 서명한 채무 증서를 나타낸다. 저명한 성경학자인 라이트풋(J. B. Lightfoot)은 이 단어를 "손으로 직접 쓴 채권이나 채무"[17]라고 설명했다. 오늘날로 보면 차용증이라고 할 수 있을 것이다. 돈을 빌리는 사람은 채권자에게 지불해야 할 금액을 신중하게 기입한다. 그리고 나서 스스로 서명하여 자신의 부채 총액을 확인하는 것이다.

이는 우리의 질문에 대한 해답의 단서가 된다. 하나님이 십자가에 못 박으신 "법조문으로 쓴 증서"는 바로 채무 증서이다. 하지만 또 다른 의문이 생긴다. 그 빚이 도대체 얼마나 되는 걸까? 누가 누구에게 어떤 빚을 진 것일까? 무엇보다도 중요한 질문은 그 증서에 누구의 서명이 되어 있는가이다.

성경은 이 질문들에 대답할 수 있는 충분한 실마리를 제공한다. 십자가에 못 박힌 것은 "우리를 거스르고 불리하게 하는 법조문으로 쓴 증서"(골 2:14)이다. 그렇다면 "법조문"은 분명히 법과 관련 있는 내용일 것이다. 이것은 하나님이 처음 모세에게 주신 생

17　J. B. Lightfoot, *St. Paul's Epistles to the Colossians and to Philemon* (London, 1875; reprint, Lynn, MA: Hendrickson, 1981), p. 187.

명의 규범들을 생각나게 한다. 그 규범들은 십계명으로 요약되어 있는데, 그 내용은 "너는 나 외에는 다른 신들을 네게 두지 말라,……살인하지 말라, 간음하지 말라, 도둑질하지 말라" 등이다 (출 20:1-17 참조).

이 규범들 자체는 잘못된 것이 없으며 완전히 의롭다. 하나님이 사람들에게 거룩하고 선한 삶을 원하시는 것은 당연하다. 하나님은 우리를 위하여 규칙을 주셨다. 하나님만 섬기고, 생명을 보호하며, 결혼 생활 안에서 고결하게 성을 지키고, 사유 재산을 존중하는 사회는 좋은 사회라고 할 수 있다. 따라서 하나님의 법은 문제가 될 수 없다.

문제는 인간이 법을 어긴다는 것이다. 『웨스트민스터 소요리문답』은 "타락한 이후 이 세상에서 하나님의 계명을 완전히 지킬 수 있는 사람은 아무도 없으며, 날마다 생각과 말과 행동으로 계명을 어긴다."(문답 82)라고 한다.

우리는 하나님을 제외한 모든 대상을 예배한다. 직장에서 일이 잘 풀리지 않으면 하나님을 저주한다. 마땅히 부모님을 존경해야 하는데 그러지 않는다. 거짓말하고, 남을 속이며, 도둑질을 한다. 그뿐만 아니라 지금 우리가 소유하고 있는 것에 만족하지 못한다. 다른 것을 원하기 때문이다. 어떻게든 우리는 하나님의 법을 지키지 못한다.

우리가 하나님의 법을 어겼기 때문에 그 법은 우리에게 불리하다. 율법은 우리의 적이며, 우리를 거스른다. 하나님이 주신 법의 목록은 우리가 저지른 죄의 목록이기도 하다. 그 모든 법률은 우리가 거룩하신 하나님께 죄를 지었다는 사실을 일깨워 준다. 따라서 성경은 손으로 서명한 증서를 염두에 두고 "법조문으로 쓴 증서"를 말한 것이다. 즉 그 증서는 우리가 하나님의 법을 어겼기 때문에 그분께 지게 된 그 한없는 부채를 기록한 것이다.

이제 우리는 예수님 자신, 그리고 예수님이 왕 되심을 알리는 명패와 함께 그리스도의 십자가에 무엇이 못 박혔는지 분명히 알게 되었다. 바로 우리가 하나님의 율법을 어기면서 쌓은 죄목을 보여 주는 증서이다. 이것은 우리가 죄로 인해 하나님께 한없는 빚을 지고 있음을 보여 주는 법률 문서이다. 우리는 이 채무 증서에 직접 서명했다. 그리고 "죄의 삯은 사망"(롬 6:23)이다. 즉 우리는 스스로 사형 집행서에 서명한 것이다.

부채가 탕감되다

십자가의 승리란 율법을 지키지 못한 우리의 채무 증서를 하나님이 십자가에 못 박으셨다는 것이다. 하나님은 "우리를 거스르고 불리하게 하는 법조문으로 쓴 증서를 십자가에 못 박으셨다"(골 2:14 참조).

우리의 채무 증서가 그리스도와 함께 십자가에 못 박히면서, 우리의 모든 죄는 용서받았다. 우리의 부채는 탕감되었다. 성경이 말하는 것처럼 하나님은 "증서를 지우고 제하여 버리셨다." 헬라어 원본을 보면 "지우다"라는 단어는 "완전히 덮다" 또는 "씻어 내다"라는 의미를 지닌다. 이 개념은 우리가 죄를 지어 하나님께 빚진 것들이 완전하게 없어졌다는 뜻이다.

십자가의 승리는 죄로 인해 발생한 빚을 하나님이 그리스도와 함께 십자가에 못 박아 버리시면서 모두 탕감하셨다는 것이다. 하나님은 예수님이 십자가에 못 박히셨을 때 우리의 모든 죄를 용서하셨다. 그 모든 죄가 그리스도와 함께 십자가에 못 박혔기 때문에 우리는 완전히 깨끗해졌다. 빚은 전혀 남아 있지 않다.

죄에 대한 십자가의 승리는 호레이쇼 스패포드(Horatio G. Spafford)의 유명한 찬송가에 아름답게 표현되어 있다. 스패포드의 삶은 비극이었다. 1873년 11월, 그는 아내와 네 딸을 프랑스 정기선 "빌 뒤 아브르"(ville du havre)에 태워 먼저 유럽에 보냈다. 그런데 그 배가 다른 배와 충돌하면서 승객 대부분이 바다에서 실종되고 말았다. 실종자에는 스패포드의 네 딸도 있었다. 아내만 겨우 구조된 것이다.

스패포드는 바로 다음 배를 예약했다. 딸들이 실종된 지점에 선박이 점점 가까워질 때, 스패포드는 "내 영혼 평안해"라는 찬송을 썼다. 그 슬픔 가운데서도 스패포드는 십자가의 승리에서 위안을 얻은 것이다.

> 내 죄가 하나도 남김없이 다 십자가에 못 박혔으니
> 더 이상 그 죄를 지고 갈 필요 없도다.
> 아, 이 영광스러운 생각을 할 수 있다는 지극한 기쁨이여!
> 주님을 찬양하라, 주님을 찬양하라, 오, 내 영혼아.
> _"내 평생에 가는 길", 새찬송가 413장(역자 직역).

스패포드는 이 가사를 쓰면서 골로새서 2장을 기억했다. 성경은 분명 하나님이 우리가 진 모든 죄의 빚을 십자가에 못 박아서 용서하셨다고 말한다.[18]

사탄을 구경거리로 만들다

하나님은 그리스도의 십자가에서 단지 죄에 대해서만 승리를 거두신 것이 아니었다. 사탄에게도 승리를 거두셨다. 사탄은 워낙 오래된 대적이었고 십자가는 위대한 승리였기 때문에 하나님은 이 승리를 자신에게만 머물게 하실 수 없었다. 성경은 하나님

---

18 Lindsay L. Terry, *Devotionals from Famous Hymn Stories* (Grand Rapids, MI: Baker, 1986), pp. 11-12.

이 우리 죄를 십자가에 어떻게 못 박으셨는지 설명한 뒤, 이어서 "통치자들과 권세들을 무력화하여 드러내어 구경거리로 삼으시고 십자가로 그들을 이기셨느니라"(골 2:15)라고 선포한다.

이 구절을 제대로 이해하려면 고대 로마의 문화를 알아야 한다. 로마 시대에 전쟁에서 승리를 거두고 돌아오는 장군은 도시의 대로를 장엄하게 행진했다. 그리고 군대 행렬 뒤에는 전장에서 사로잡은 포로들이 따랐다. 승리를 거둔 장군은 자신이 포획한 포로들을 구경거리로 삼았다. 전장에서 잡아온 포로는 완전한 승리의 증거이기 때문이다.

하나님은 십자가에서 사탄에게도 똑같이 하셨다. 사탄은 오랜 세월 동안 하나님께 맞서 전쟁을 벌였다. 사탄이 하와를 꾀어 처음으로 죄를 저지르게 만들면서 에덴동산에서 천국과 지옥의 첫 전투가 벌어졌다. 그 후로 사탄은 하나님의 백성을 더 죄로 이끌어 가면서 멸망시키기 위해 노력했다. 사탄은 인간이 무력하게 점점 빚에서 허우적거리는 모습을 보며 기쁨을 감추지 못했다. 우리가 하나님의 율법을 어겼기 때문에 하나님께 빚진 것들을 절대 갚을 수 없다는 사실을 알았던 것이다.

그러나 사탄이 미처 계산하지 못한 것이 하나 있었다. 바로 십자가의 승리이다. 사탄은 예수 그리스도가 십자가에 죽으셔서 죄에 대해 모든 대가를 치르실지 몰랐다. 예수님이 십자가에 달려 돌아가실 때, 우리가 하나님께 진 무한한 채무도 십자가에 못 박혔다는 사실을 알지 못한 것이다. 사탄은 나중에야 십자가가 하나님의 죽음이 아닌 하나님의 승리라는 사실을 알아차렸다. 그러나 이미 때는 늦었다.

성경은 하나님이 우리 죄를 십자가에 못 박으시면서 "통치자들과 권세들을 무력화"(골 2:15)하셨다고 말한다. "통치자들과 권세들"은 사탄과 귀신들을 말한다. 하나님은 잠시 동안 그들이 하나님의 백성에게 죄의 능력과 죽음의 권세를 발휘하도록 허락하셨다. 그러나 그들의 능력과 권세는 십자가에서 무효가 되었다. 청교도인 매튜 헨리(Matthew Henry)는 이를 다음과 같이 표현한다. "구세주의 죽음으로 말미암아 악마와 지옥의 모든 능력은 정복되고 무력화되었다."[19] 그리스도가 십자가에서 죽으시면서 하나님의 원수들은 죄의 능력과 죽음의 권세를 상실하고 말았다.

이렇게 예수 그리스도가 십자가에서 죽으신 사건은 하나님이 사탄에게 승리하셨음을 보여 준다. 성경은 "통치자들과 권세들을 무력화하여 드러내어 구경거리로 삼으시고 십자가로 그들을 이기셨느니라"(골 2:15)라고 선포한다. 강력한 장군처럼 하나님은 십자가를 통해 마귀와 모든 귀신을 정복하셨다. 그 후에 사로잡

---

19 Matthew Henry, *Matthew Henry's Commentary on the Whole Bible*, 6 vols. (New York: Revell, 1983), vol. 6, in loc.

은 그들을 모두가 볼 수 있게 하셨다. 십자가는 하나님의 승리를 알리는 행진이었다. 십자가는 하나님이 우리의 빚을 십자가에 못 박으시고 죄와 사탄을 이기셨다는 사실을 보여 준다.

십자가는 하나님이 거두신 승리이다. 예수 그리스도가 구원을 주신다는 것을 신뢰하면, 하나님의 승리는 우리의 승리가 된다. 에드 킹(Ed King) 목사는 쿠 클럭스 클랜(Ku Klux Klan: KKK, 미국의 인종차별주의자 모임)에 살해당한 아프리카계 미국인 평화 운동가 제임스 채니(James Chaney)의 장례식에서 말씀을 전하면서 십자가의 승리를 설명했다.

킹 목사는 쿠 클럭스 클랜이 십자가를 악한 목적으로 사용한다는 사실을 알고 있었다. 하지만 그는 그리스도의 승리의 십자가를 다시 선포하기 원했다. "쿠 클럭스 클랜처럼 불에 태워 버리는 십자가는 십자가가 아닙니다." 그는 계속 말씀을 전했다. "참된 십자가는 하나님의 아들이신 예수 그리스도의 피가 묻어 있는 갈보리의 십자가입니다. 하나님은 우리 모두를 위해서 자기 아들을 보내셨습니다. 우리는 바로 그 십자가를 따릅니다. 그 십자가는 승리를 의미합니다."[20]

---

20 Ed King, "Transcription of Eulogies for James Chaney, August 7, 1964" (University of Virginia: The Project on Lived Theology), http://archives.livedtheology.org/node/1404.

"통치자들과 권세들을 무력화하여 드러내어
구경거리로 삼으시고 십자가로 그들을 이기셨느니라"(골 2:15).

1. 당신이 감당할 수 없는 엄청나게 큰 빚을 다른 누군가가 대신 갚아 주겠다고 한다면, 그 사람에 대해 무슨 생각이 듭니까?

2. 십자가형은 매우 심각하고 끔찍한 죄를 지은 죄인에게 내리는 형벌이었지만, 예수님께서 당하신 십자가형은 우리의 죄를 완전히 용서받는 길이 되었습니다. 죄를 용서하고 사탄을 이긴 승리의 십자가를 묵상해 보십시오.

십자가의 승리는 우리 죄로 인해 발생한 빚을 하나님이 그리스도와 함께 십자가에 못 박아 버리시면서 모두 탕감하셨다는 것입니다. 하나님은 예수님이 십자가에 못 박히셨을 때 우리의 모든 죄를 용서하셨습니다. 우리의 모든 죄가 그리스도와 함께 십자가에 못 박혔기 때문에 우리는 완전히 깨끗해졌습니다. 빚은 전혀 남아 있지 않습니다.

chapter 6

가장 고귀한 십자가

필립 라이큰

*"사람의 모양으로 나타나사 자기를 낮추시고
죽기까지 복종하셨으니 곧 십자가에 죽으심이라"*(빌 2:8).

예수님은 하나님의 본체셨고, 신성에 따르는 모든 영광을 누리시는 가장 높은 지점에 계셨다. 예수 그리스도는 거대한 포물선의 정점에서 시작하신 것이다. 그러나 급락하는 포물선을 따라 예수님은 인간이 되셨다. 모든 영광을 내려놓으시고 자신을 비우셔서 인간과 같이 되어 종의 본질을 취하셨다. 그리고 구유에서 태어나는 낮아짐도 감내하셨다.

가장 낮은 곳, 구유에서 태어나시다

하나님의 아들이신 예수님이 하늘에서 이 땅으로 임하시면서 포물선은 급강하한다. 영원 전부터 예수님은 그 신성에 따르는 특권과 영광을 누리셨다. 하지만 그분은 이 낮아짐의 궤도를 따라 자신을 낮춰 인간이 되셨다. 예수님은 하나님과 동등하셨지만 그것을 구실 삼아 성육신을 피하지 않으셨다. 오히려 그 반대로 하셨다.

예수 그리스도는 모든 면에서 인간이셨다. 인간의 모양을 하셨고, 인간의 기질을 지니셨다. 인간의 모습을 한 피부 아래에는 인간의 **뼈**와 장기가 있었으며, 인간의 혈관을 따라 인간의 피가 흘렀다. 예수님이 태어나신 곳에 우리가 있었다면, 아기 예수님이 베들레헴의 밤공기를 마시며 숨을 쉴 때마다 그 가슴이 위아래로 움직이는 것을 손으로 직접 느낄 수 있었을 것이다. 마리아와 요셉은 예수님을 먹이고, 트림을 시켜 주고, 옷을 갈아입히기도 했을 것이다. 팔로 아기 예수님을 안았을 때는 숨을 쉬고 꼼지락대는 살아 있는 아기를 온몸으로 느낄 수 있었을 것이다.

예수님이 세상의 구주가 되시기 위해서는 이 모든 것이 반드시 필요했다. 우리를 구원하시기 위해 예수님은 우리와 같은 존재가 되셔야만 했다. 종교개혁가 자카리아스 우르시누스(Zacharias Ursinus)는 다음과 같이 썼다. "사람이 죄를 저질렀으므로 사람이 죄를 배상해야 했다."[21] 초대교회의 가장 위대한 신학자로 꼽힐 만한 아우구스티누스(Aurelius Augustinus)의 말에 따르면, "예수님은 인간과 완전히 같은 본질을 입으셔야 했다. 인간이 구원을 받아야 했기 때문이다."[22]

예수 그리스도의 낮아지심은 아무도 예상하지 못한 일이었다. 이것은 이 세상의 가치를 완전히 뒤엎었다. 즉, 세상 윤리의 새로운 출발점이 된 것이다. 성경은 "자기를 낮추시고"라고 하는데, 이것은 자발적 겸손을 말한다. 하나님의 아들이 자신을 비우시고 아무것도 아닌 존재가 되실 정도로(빌 2:7) 스스로 낮아지신 것이다. 예수 그리스도가 이러한 수치를 당하신 것은 자발적인 겸손의 행위이자 자신을 포기하신 행위였다.

우리는 그리스도의 낮아지심이 얼마나 파격적인 사건인지 쉽게 잊어버린다. 고대의 이교도 철학자들은 겸손을 경멸했다. 그들에게 겸손은 미덕이 아니라 악덕이었다. 그들은 긍지를 찬양했으며, 겸손을 연약함과 비겁함의 징표라고 혹평했다. 그리스도 시대에 이방인들은 겸손함이란 징징대는 겁쟁이의 성향이라고 생각했다. 그러나 예수님은 고대 문화의 가치관을 뒤엎으시

---

21 Zacharias Ursinus, *Commentary on the Heidelberg Catechism*, trans. G.W. Williard (1852; repr. Phillipsburg, NJ: Presbyterian & Reformed, 1985), p. 85.

22 Augustine, Ursinus, *Commentary on the Heidelberg Catechism*, p. 86에서 재인용.

고 인간에게 완전히 다른 삶의 길을 제시하셨다. 바로 낮아짐의 길이다.

죽기까지 낮아지시다

복음서를 읽으면 예수 그리스도가 스스로 낮아지신 예를 많이 확인할 수 있다. 바울은 그 하강하는 구원의 포물선을 추적하다가 가장 위대한 낮아짐의 모습에 감탄하고 만다. 예수님이 "죽기까지 복종"하신 것이다!

이 점에 대한 바울의 대답은 많은 미국인이 기억하는 노래를 떠올리게 한다. 바로 1995년 큰 인기를 끈 조안 오스본(Joan Osborne)의 노래이다. 그 노래는 "하나님이 우리와 같다면?"이라는 노랫말로 성육신의 가능성을 캐묻는다. 오스본은 이렇게 노래했다. "하나님이 우리와 같은 사람이라면? 평범하고 서툰 한 존재일 뿐이라면. 버스를 타고 있는 낯선 이일 뿐이라면? 단지 지친 몸을 끌고 집에 가려고 하는, 홀로 천국으로 돌아가는."

하나님이 우리와 같은 사람이라면? 하나님이 인간 존재의 모든 지루함과 따분함을 직접 겪으셨다면 어떨까? 사실, 그렇게 공상의 나래를 펴지 않아도 된다. "만약"을 생각할 필요가 없다. 하나님이 실제로 우리와 같은 존재가 되셨기 때문이다. 우리는 고대 문서 중 가장 철저하게 검증된 책에서 그 모든 내용을 찾아볼 수 있다. 바로 신약의 복음서들이다. 예수님은 외롭게 자신의 집에 돌아가지 않으셨다. 그분은 성령의 능력을 받으셨고, 모든 순간마다 성부 하나님과 친밀한 관계를 누리셨기 때문이다.

그러나 성경의 관점에서 보자면 오스본의 노래에는 심각한 문제가 있다. 바로 그 노래가 말하는 예수님은 충분히 낮아지지 않으셨다는 점이다. 오스본이 노래하는 예수님은 가련한 인물이다. 타락한 세상에서 외롭게 버스에 오르는 사람이며, 친구 하나 없는 버림받은 사람이다. 이 우울한 남자는 하나님께 버림받고 자신의 영원한 운명을 확신하지 못한 채, 어떻게든 자신의 구원만 이루려고 애쓰는 인물처럼 보인다. 그러나 예수님의 참된 성육신에 따르는 굴욕은 이보다 훨씬 더하다! 예수님의 포물선은 단지 도시의 붐비는 버스에 오르는 것보다 훨씬 낮은 지점까지 내려갔다. 그리스도의 순종은 죽음까지 이르렀다.

이것은 그리스도가 순종하신 기간을 말하는 것이 아니다. 그분이 하나님의 율법에 일평생 순종하신 것도, 죽음의 순간까지 아버지께 순종하신 것도 사실이다. 하지만 무엇보다 "죽기까지 순종하심"은 그리스도가 순종하신 정도(degree)를 말한다. 그분은 십자가에서 죽으셨다. 죽음이라는 완전한 극한까지 순종하신 것이다.

예수 그리스도가 이렇게 최고로 순종하셨다는 사실은 예수 그리스도의 신성과 인성을 동시에 보여 준다. 자기 몸을 죽음에 내

놓았다는 사실은 예수님의 신성을 보여 준다. 사실 죽음은 평범한 인간이 할 수 있는 순종 행위라고 할 수 없다. 기꺼이 죽음에 순종하든 그러지 않든, 우리는 모두 반드시 죽는다. 우리는 모두 죽을 수밖에 없는 존재이기 때문이다. 그러나 오직 참하나님인 성자 하나님만이 자발적인 순종을 보여 주는 행위로 죽음을 택하실 수 있다.

동시에 그리스도가 죽기까지 순종한 것은 예수님의 인성을 입증한다.

"그는 육체에 계실 때에 자기를 죽음에서 능히 구원하실 이에게 심한 통곡과 눈물로 간구와 소원을 올렸고 그의 경건하심으로 말미암아 들으심을 얻었느니라 그가 아들이시면서도 받으신 고난으로 순종함을 배워서"(히 5:7-8).

이 구절은 예수 그리스도의 감정이 드러나는 몇 안 되는 말씀이다. 이 말씀에서 우리는 하늘에 계신 아버지께 죽음에서 구해 달라고 크게 울부짖고 눈물을 흘리시는 예수님을 볼 수 있다. 예수 그리스도는 고난을 통해 순종을 배우신 것이다.

예수 그리스도는 십자가의 길을 거부하실 수도 있었다. 이미 그분은 인간의 눈으로 사물을 바라보고, 인간의 피부를 통해 이 땅의 고통을 경험하셨다. 또한 자신의 주위 환경을 둘러볼 기회도 있었다. 그렇기 때문에 예수님은 더 낮아지지 않으시고 다시 영광으로 돌아가실 수도 있었다. 사실, 사탄이 예수님께 제시한 유혹도 바로 그것이었다.

> "마귀가 또 그를 데리고 지극히 높은 산으로 가서 천하 만국과 그 영광을 보여 이르되 만일 내게 엎드려 경배하면 이 모든 것을 네게 주리라"(마 4:8-9).

사탄은 예수님께 갈보리를 통하지 않고 영광에 이르는 길을 제시한 것이다.

그러나 예수님은 쉬운 길을 택하지 않으셨다. 그 길을 거부하셨다. 죄를 대속하지 않으면 우리를 죄에서 구원하실 수 없기 때문이다. 십자가 없이는 구속함도 없다. 그래서 예수 그리스도는 구원의 포물선에서 마지막 내리막길까지 따라가기로 결정하신 것이다. 예수님은 죽기까지 순종하셨다.

십자가에서 죽는다 할지라도

이것으로 끝이 아니다. 오랜 세월이 지났지만 우리는 여전히 바울이 "십자가에서 죽기까지!"라고 외치는 소리에서 경외심을 느낄 수 있다. 예수님은 구유의 낮아지심뿐 아니라 십자가의 낮아지심까지 겪기로 하셨다.

요하네스 크리소스토모스(John Chrysostom)는 초대 교회의 위대한 설교자이다. 콘스탄티노플에서 그의 강단 사역은 매우 대단했기 때문에 그에게 "황금 혀"(헬라어로 "크리소스토모스"의 의미)라는 호칭이 붙을 정도였다. 이 위대한 연사는 말문이 막힐 때가 거의 없었지만 빌립보서 2장의 이 구절에 이르면 이렇게 말했다고 한다. "도저히 말로 표현할 수 없다."[23]

우리도 마찬가지이다. 도저히 말로 표현할 길이 없다. 그러나 우리는 예수님이 우리를 위해 십자가에서 고난당하셨다는 사실을 알아야 한다. 트루먼 데이비스(C. Truman Davis) 박사는 십자가형의 고통을 다음과 같이 묘사한다.

> 십자가가 땅에 놓인다. 그러면 매우 지쳐 버린 죄수를 나무에 재빨리 누인다. 로마 군병은 손목을 더듬어 움푹 들어간 곳을 찾는다. 그러고는 철로 된 묵직한 사각형 모양의 못을 손목에 대고 나무를 관통할 때까지 내리 박는다. 재빨리 그는 다른 편으로 옮겨가서 똑같이 한다. 이때 팔을 너무 단단하게 고정하지 않도록 해

---

23 John Chrysostom, *Homilies on Philippians*, http://orthodoxchurchfathers.com/fathers/npnf113/npnf1149.htm.

야 한다. 약간은 움직일 수 있는 여유를 줘야 하기 때문이다. 못을 다 박으면 십자가를 들어 세운다.

그리고 왼발을 오른발 위로 포갠다. 두 발은 쭉 펴고 발가락은 아래를 향하게 하지만 무릎은 적당히 굽히게 한다. 이제 죄수는 십자가형을 당한 것이다. 온몸이 천천히 늘어지기 시작하면 손목에 무게가 더 많이 실리면서, 극심하고 격렬한 고통이 터질 것처럼 손가락부터 팔을 타고 머리까지 올라온다. 손목에 박힌 못이 중추 신경을 강하게 압박하기 때문이다. 뻗쳐오르는 고통을 피해 보려고 자신의 몸을 들어 올리지만 그럴수록 자신의 무게가 못에 박힌 발에 온전히 실리게 된다. 그러면 다시 발의 뼈 사이에 박힌 못이 신경을 찢으면서 타는 듯한 고통이 밀려온다.

이제는 팔에 힘이 빠지면서, 욱신거리는 극심한 고통이 계속되고 근육 전체에 심한 경련이 엄습해 온다. 이렇게 경련이 일어나면 몸을 곧추세워 호흡하기가 점점 어려워진다. 폐 속으로 공기가 들어가기는 하지만 숨을 내쉴 수는 없다. 그래서 짧은 숨 한 모금을 마시기 위해 온 힘을 짜내야 한다. 마침내 이산화탄소가 폐와 혈액을 채우면서 경련이 조금 가라앉는다. 이따금 발작적으로 한 번씩 몸을 솟구쳐 숨을 내쉬어 생명을 연장하는 산소를 얻을 뿐이다. 무한한 아픔이 몇 시간째 지속되고, 고통이 계속 찾아온다. 또한 관절을 쪼갤 것 같은 경련이 일어나, 간헐적으로 기절을 한다. 게

다가 채찍에 맞아 찢어진 등이 거친 나무에 대고 위아래로 움직일 때마다 조직이 찢어지면서 극심한 고통이 엄습한다. 그리고 이제 또 다른 고통이 시작된다. 심장막이 점점 혈청으로 채워지면서 천천히 심장을 압박하기 때문에 가슴 깊은 곳부터 심장을 쥐어짜는 듯한 통증이 느껴진다.

이제는 죽음에 거의 가까워졌다. 근육 조직에서 수분이 거의 다 빠져나가 위급한 지경에 이른다. 압박을 받고 있는 심장은 진하고 걸쭉해져서 둔하게 움직이는 혈액을 조직 속으로 보내기 위해 애를 쓴다. 극렬한 고통에 빠진 폐는 공기를 한 모금이라도 더 들이마시기 위해 필사적으로 노력한다.

이제 예수님은 온몸의 조직을 통해 조여들어오는 죽음의 냉기를 느낄 수 있었다.[24]

그렇다. 도저히 말로는 할 수 없다. 성경은 "그는 그 앞에 있는 기쁨을 위하여 십자가를 참으사"(히 12:2)라고 말한다. 예수님이 참으신 십자가는 단지 상징물이 아니었다. 십자가는 목에 발랄하게 매달려 있는 펜던트도 아니고 벽에 박아 놓는 기호도 아니다. 십자가는 순전히 고문 기구였다.

---

[24] C. Truman Davis, "A Physician's View of the Crucifixion of Jesus Christ", http://www.cbn.com/SpiritualLife/OnlineDiscipleship/easter/A_Physician%27s_View_of_the_Crucifixion_of_Jesus_Christ.aspx.

이제 우리는 구원의 포물선에서 최저점에 도달했다. 구유의 낮아짐은 시작일 뿐이었다. 하나님의 아들은 사람이 되면서 포물선을 그리는 순종의 길을 시작하셨고, 구유부터 계속 아래로 떨어지는 그 길에서 마침내 십자가까지 도달하셨다.

바울이 경탄한 것도 당연하다! 바울 자신도 수년 동안 주님과 동행했고, 그리스도의 십자가를 깊이 생각할 때가 많았으며, 온갖 시험을 당했다. 그러나 이런 바울도 예수님이 그러한 낮아지심을 감내하셨다는 사실을 믿을 수 없을 지경이었다. 당시 십자가형은 죽음 중에서도 가장 비천한 죽음이었기 때문이다.

이 책 초반부에서 보았듯이 이방인들은 십자가를 경멸했다. 플라톤의 『국가』를 보면 글라우콘은 소크라테스에게 의로운 사람이 자신의 의로움을 증명할 수 있는 방법을 이야기한다. 그는 의로운 사람은 자신의 선함을 입증하기 위해서 모든 모욕을 당하고 온갖 고난을 견뎌야 한다고 주장했다. 글라우콘은 의로운 사람이 당해야 하는 모든 불공정을 묘사하면서 이렇게 마무리한다.

> 이러한 상황에 처한 의로운 사람은 채찍을 맞고, 온몸이 뒤틀리는 고통을 당하며, 사슬에 매이고, 눈을 불에 태우며, 마침내 온갖 비

참함을 겪은 후에 십자가형을 당할 것이다.[25]

십자가형은 이 사람이 완전하다는 궁극적인 증거가 된다. 그 죽음은 최악의 죽음이기 때문이다.

로마 시대에는 보편적으로 십자가형을 사람이 당할 수 있는 최악의 굴욕이라고 생각했다. 그래서 로마는 참수형을 십자가형보다 관대한 처벌로 이해했다. 십자가는 오직 인간쓰레기들을 위한 것이었다. 십자가형은 노예나 흉악한 범죄자, 변절자에게만 선고하는 형벌이었던 것이다. 어쩌면 바울은 빌립보서 2장에서 예수님이 실제로 십자가에 달릴 만한 분이라는 사실을 보여 주기 위해 종이었음을 명시한 것인지도 모른다.

십자가형이 이방인들에게 역겨운 일이었다면, 유대인들에게는 저주였다. 우리가 살펴봤듯이 모세 율법에 따르면 나무에 달리는 것은 하나님의 저주를 받아 하나님 백성의 모임에서 추방되는 것이었다(신 21:22-23). 십자가에 달린 사람은 전혀 구원받을 수 없다. 이렇듯 예수님은 단지 십자가의 고통만 감내하신 것이 아니라 이방인들의 비방도 견디셨다. 게다가 인간의 죄에 대한 하나님의 저주도 당하셨다.

---

25 Plato, *The Republic*, trans. Francis MacDonald Cornford (New York: Oxford University Press, 1954), pp. 45-47(II, 360D-362E).

이와 같은 당시 문화와 종교 상황을 고려한다면, 바울이 복음을 믿을 때에도 십자가가 그에게 방해물이었는지 궁금할 것이다. 바울은 십자가에서 죽은 사람을 기리는 행위에 대해 본능적으로 깊은 반감을 품었을 것이다. 그는 로마인이자 유대인이었기 때문이다. 그래서 바울은 자신의 설교와 저술에서 십자가의 의미에 더 상세하게 집중하고 있다.

이것은 분명 바울이 하나님의 아들이 십자가에서 죽으셨다는 사실에 완전히 경악했다는 증거가 될 것이다. '나무에서 죽는 것이 저주라면 어떻게 영광의 주님이 그렇게 죽으실 수 있단 말인가? 십자가에서 죽은 메시아라니!?' 회심하기 전이었던 바울은 이를 도저히 받아들일 수 없었다. 논리적으로 불가능한 일이기 때문이다. 후에 그는 그리스도가 십자가에서 죽으신 것을 두고 "유대인에게는 거리끼는 것"(고전 1:23)이라고 썼다. 이것은 그가 스스로 예전에 느꼈던 십자가의 모순을 말하는 것이다.

그러나 바울은 구약을 제쳐 두지 않았다. 성경의 모든 말씀이 사실이라는 것을 알았기 때문이다. 그는 예수님의 삶에 담긴 역사적 진실도 무시하지 않았다. 부활하신 그리스도를 목격했기 때문이다. 오히려 사도 바울은 성경 말씀이 이 역사적 사실에 대해 무슨 이야기를 하고 있는지 이해될 때까지 말씀과 씨름했다. 그리고 마침내 발견한 내용을 고스란히 기록했다.

"그리스도께서 우리를 위하여 저주를 받은 바 되사 율법의 저주에서 우리를 속량하셨으니 기록된 바 나무에 달린 자마다 저주 아래에 있는 자라 하였음이라"(갈 3:13).

그리스도인의 낮아짐

예수님은 자신을 낮추시고 십자가에서 죽기까지 순종하셨다. 그분은 우리의 구원을 위해 십자가의 저주를 참으시고 십자가의 고통과 그 수치를 감내하셨다(히 12:2 참고).

예수 그리스도께 나와 용서받지 못한 사람은 여전히 그분께서 십자가에서 받으신 저주 아래 놓인 자이다. 하나님께 저지른 반역 행위에서 돌아서지 않는다면, 우리는 사형을 선고받은 것처럼 하나님의 저주를 받은 자이고, 그 저주를 직접 당하게 될 것이다.

하나님께서 죄를 심판하시며 내리신 저주에서 자신의 아들을 아끼지 않으셨다면(롬 8:32), 우리에게 그 저주를 아끼실 이유가 무엇이겠는가? 우리는 오직 예수 그리스도의 십자가를 통해 죄로 인한 저주에서 벗어날 수 있다.

그렇다면 그리스도의 십자가에 우리 죄를 가지고 가면 어떻게 되는 것일까? 빌립보서 2장 8절 말씀은 십자가가 그리스도에게 어떤 의미였는지를 다루지만, 우리에게 어떤 의미인지는 말하지 않는다. 이 구절은 예수님이 십자가로 낮아지시면서 감내하신 고난과 수치를 담고 있다. 따라서 이 말씀은 무엇보다 예수 그리스도가 어떻게 우리의 구원을 위해 그렇게 기꺼이 일하셨는지에 대한 것이다.

그러나 십자가에 대한 그리스도의 자세를 본다면, 즉 그분이 얼마나 겸손하게 십자가의 수치를 감내하셨는지 본다면, 우리 역시 예수님과 같은 자세를 가져야 한다는 사실을 깨달을 것이다. 십자가는 우리에게 실제적으로 이렇게 권고하고 있다.

> "너희 안에 이 마음을 품으라 곧 그리스도 예수의 마음이니"(빌 2:5).

> "아무 일에든지 다툼이나 허영으로 하지 말고 오직 겸손한 마음으로 각각 자기보다 남을 낫게 여기고 각각 자기 일을 돌볼뿐더러 또한 각각 다른 사람들의 일을 돌보아 나의 기쁨을 충만하게 하라"(빌 2:3-4).

우리 중에 자신을 돌보는 일을 잊는 사람은 거의 없다. 사실, 우리는 자신의 유익과 동떨어진 것은 살피지 않는 경우가 많다. 우리는 종종 성경이 말하는 것과 반대로 행하고, 자신을 남보다 낫게 여긴다. 그러나 바울은 우리가 그리스도처럼 겸손하고 다른 사람을 우선해야 한다고 말한다.

이 권고를 온전히 받아들인다면, 우리의 본능과 우선순위는 완전히 뒤바뀔 것이다. 십자가에서 우리는 우리가 얼마나 낮아져야 할지를 본다. 우리의 겸손에는 아직도 자존심이 아주 많이 남아 있다. 심지어 남을 연민하며 하는 행동도 따져 보면 우리 자신을 위한 것일 때가 많다. 그러나 하나님은 우리를 불러 명하신다. 자신을 희생하고 비우며, 스스로 고난당하고, 자기를 부인하는 십자가의 예수 그리스도의 낮아지심을 실천하라고 하신다.

"사람의 모양으로 나타나사 자기를 낮추시고
죽기까지 복종하셨으니 곧 십자가에 죽으심이라"(빌 2:8).

1. 그리스도의 낮아지심이 왜 놀랍고 파격적인 사건입니까?

2. 구유와 같이 가장 낮은 자리에서 태어나신 예수 그리스도의 낮아지심은 십자가에서 절정에 이릅니다. 세상이 보기에는 가장 낮은 자리지만 우리에게는 그 무엇보다 고귀한 십자가를 묵상해 보십시오.

십자가는 목에 발랄하게 매달려 있는 펜던트도 아니고 벽에 박아 놓는 기호도 아닙니다. 십자가는 순전히 고문 기구였습니다. 구유의 낮아짐은 시작일 뿐이었습니다. 하나님의 아들은 사람이 되면서 포물선을 그리는 순종의 길을 시작하셨고, 구유부터 계속 아래로 떨어지는 그 길에서 마침내 십자가까지 도달하셨습니다.

chapter 7

자랑스러운 십자가

필립 라이큰

"그러나 내게는 우리 주 예수 그리스도의 십자가 외에
결코 자랑할 것이 없으니"(갈 6:14).

사람들이 자랑하는 모습을 보면 참 흥미롭다. 아무도 뻐기는 사람을 좋아하지 않지만, 어쨌든 모든 사람들이 자랑을 한다. 또한 사람들은 모든 것을 자랑한다. 손자, 은행 잔고, 허리둘레, 볼링 점수, 여행 계획, 자신이 성취한 것……. 그리고 때로는 그들의 무분별한 행동을 자랑하기도 한다.

1990년대에 정말 이상한 자랑이 텔레비전 광고에 등장했다. 대부분의 광고는 어느 정도 제품을 뽐내기 마련인데, 이 광고는 괴이한 자랑으로 광고계에 신기원을 열었다. 한 자동차 회사가 이런 말을 자랑스럽게 떠벌린 것이다. "지금까지 그 어떤 차보다 안전이 개선된 차……당신의 영혼을 구원할 차."

하나님이 금하시다!

사도 바울은 절대 자동차를 자랑하지 않았다. 그뿐 아니라 다른 어떤 것도 자랑하지 않았다. 그는 실제로 갈라디아 사람들에게 "자랑할 것이 없으니"(갈 6:14)라고 썼다. 이는 사실 "자랑할 마음이 전혀 없다"는 뜻에 가깝다. 더 문자적으로 해석해 보자면 "내가 자랑하는 것을 하나님이 금하셨다"는 말이다.

구약학자인 바울은 성경이 자랑을 금한다는 사실을 알았다. 선지자 예레미야의 말을 들어 보자. 그는 "여호와께서 이와 같이 말씀하시되 지혜로운 자는 그의 지혜를 자랑하지 말라 용사는 그의 용맹을 자랑하지 말라 부자는 그의 부함을 자랑하지 말라"(렘 9:23)라고 전한다.

사람이 자신의 지력(지혜)이나 근력(용맹), 구매력(부함)을 자랑하지 못한다면 무엇을 자랑할 수 있겠는가? 아무것도 없다. 솔로몬 왕은 지혜롭게도 이렇게 경고한다.

"타인이 너를 칭찬하게 하고 네 입으로는 하지 말며 외인이 너를 칭찬하게 하고 네 입술로는 하지 말지니라"(잠 27:2).

즉 다른 사람이 당신을 자랑하게 하라는 것이다!

사실 자랑은 전혀 매력적이지 않다. 무엇보다 최악의 자랑은 자신이 종교적으로 이룬 것들을 뽐내는 것이다. 그런데 바울 시대에는 바로 그런 사람들이 있었다.

초기 그리스도인들 가운데 많은 사람들은 태어나면서부터 유대인이었기 때문에 영아 때 할례를 받았다. 할례란 하나님 백성의 일원이라는 구약의 징표였다. 따라서 유대인 공동체에 속하기 원하는 이방인은 반드시 할례를 받아야 했다. 초기 그리스도인들 중에도 구원받은 사람들의 공동체에 참여하려면 할례가 필수 조건이라고 생각하는 사람들이 있었다. 그들은 예수 그리스도의 참된 제자가 되기 위해서는 구약의 방식을 따라 할례를 받아야 한다고 주장했다.

현대인들에게는 이 이야기가 괴이하게 들릴지 모르지만 할례에 찬성하는 사람들은 자신이 할례를 받았다는 것을 매우 자랑스러워하고 뽐내기까지 했다. 그들은 많은 이방인에게 할례를 받으라고 설득하면서 더 자랑했다. 그렇다면 성경은 그들에 대해 어떻게 말하고 있는가? "너희에게 할례를 받게 하려 하는 것은 그들이 너희의 육체로 자랑하려 함이라"(갈 6:13).

오늘날 종교적인 사람들은 과거 그들처럼 할례를 자랑하지는 않는다. 하지만 우리는 여전히 많은 것을 자랑하고 싶어 한다.

교회에 출석하는 성도가 몇 명인지, 회심한 사람이 몇 명인지, 예배는 어떻게 드리는지, 기도는 어떻게 하는지를 뽐낸다. 정치 공약을 뽐내거나 우리가 믿는 신학을 뽐내기도 한다. 어떻게든 자신이 얼마나 영적인 사람인지를 미묘한 방식으로 다른 사람에게 알리려 한다. 솔직히 말해서 몇몇 사람이 교회에 대해 그렇게 호전적인 이유는 그리스도인들이 너무 우쭐해 했기 때문이다.

바울도 종교적으로 보자면 자랑할 만한 것이 많았다. 한번은 직접 자신의 영적인 이력서를 읊어 주었다.

"나는 팔일 만에 할례를 받고 이스라엘 족속이요 베냐민 지파요 히브리인 중의 히브리인이요 율법으로는 바리새인이요 열심으로는 교회를 박해하고 율법의 의로는 흠이 없는 자라"(빌 3:5-6).

여기서 더 바랄 것이 뭐가 있겠는가? 바울은 연줄도 좋았다. 좋은 가문 출신에, 최고의 학교에서 수학했고, 최고의 정통 신학을 신봉했다. 사도 바울은 하려고만 하면 다른 누구보다 자랑할 것이 많았다. 그러나 예수 그리스도를 알게 되면서 그는 자신에게 자랑할 것이 전혀 없다는 사실을 깨달았다. 그가 이룬 모든 종교적인 업적은 그저 배설물일 뿐이었다(빌 3:8). 그리고 하나님은 바울이 그 어느 것도 자랑하지 못하게 금하셨다!

가장 이상한 집착

우리가 온 우주에서 자랑할 만한 것은 오직 하나이다. 성경은 오직 한 가지 대상만 자랑하도록 허용한다. "내게는 우리 주 예수 그리스도의 십자가 외에 결코 자랑할 것이 없으니"(갈 6:14).

이렇게 자랑하는 것이 놀라운 이유는 고대 세계에서 십자가형은 전혀 뽐낼 만한 것이 아니었기 때문이다. 이미 우리는 십자가가 로마인에게는 거리끼는 것이며, 유대인에게는 저주라는 사실을 살펴봤다. 신약학자인 브루스는 다음과 같이 결론을 내린다.

> 바울이 지금 자랑하는 대상은, 당시 일반적인 기준에 따르자면 가장 수치스러운 것이었다. 십자가는 절대로 구제할 수 없는 수치일 뿐 전혀 자랑의 대상이 될 수 없었다. 그로부터 1,600년이 지나서야 십자가는 거룩한 상징물이 되었다. 따라서 바울 시대에 십자가를 생각하거나 언급할 때 촉발되는 그 말할 수 없는 경악과 혐오를 이해하기란 매우 힘들다. "크룩스"(crux, 십자가)라는 말은 교양 있는 로마 사람이라면 언급 자체를 피해야 하는 단어였다(키케로, 『Pro Rabirio』, 16). 심지어 십자가형을 집행하라는 판결을 내릴 때도, 십자가형을 가리키는 정형화된 문구를 사용하여 완곡하게 돌려 말했다. 바로 "아르보리 인펠리키 수스펜디토"라는 문구로 "불길한 나무에 그를 달아라"(키케로, 앞의 책, 13)라는 뜻이다. 로마 제

국의 동부 지역에서도 "스타우로스"(십자가)라는 헬라어는 라틴어 표현에 비견할 만한 끔찍하고 역겨운 감정을 불러일으켰다.[26]

이렇듯 바울이 십자가를 자랑하는 것은 둘째 치고, 십자가를 언급한다는 사실만으로도 충격적인 일이었다. 일반인들이 초기 그리스도인들에게 바라는 한 가지가 있다면, 예수님이 십자가에서 죽으셨다는 사실을 부인하는 것이었다. 제정신이라면 최대한 "마지못해 하면서" 그 사실을 인정하기를 바랐다.

그러나 바울은 십자가를 거리끼기는커녕 열성을 다해 자랑했다. 존 스토트(John Stott)는 이렇게 설명한다. "바울은 평범한 로마 시민이라면 수치이자 불명예요, 심지어 역겨운 것으로 여겼을 대상을 오히려 자랑하고 뽐내며 영광으로 삼았다."[27] 사실, "뽐내다"(boast)로는 십자가에 대한 바울의 태도를 충분히 표현할 길이 없다. 스토트는 이어서 말한다. "영어에는 헬라어 '카우카오마이'에 해당하는 정확한 단어가 없다. 이것은 '자랑스러워하다', '대단한 것으로 여기다', '신뢰하다', '즐거워하다', '열중하다', '…을 위해 살다'라는 뜻을 지니고 있다. 우리의 자랑 또는 '영광'

---

[26] F. F. Bruce, *The Epistle to the Galatians: A Commentary on the Greek Text*, New International Greek Testament Commentary (Grand Rapids, MI: Eerdmans, 1982), p. 271.

[27] John R. W. Stott, *The Cross of Christ* (Downers Grove, IL: InterVarsity, 1986), p. 349. 『그리스도의 십자가』, IVP.

의 대상이 우리의 시야를 가득 채우고, 우리의 관심을 완전히 독점하며, 우리 시간과 에너지를 빨아들인다는 뜻이다. 한마디로 우리의 '영광'은 우리의 집착이 되는 것이다."[28]

죄에 대하여 죽고, 하나님의 사랑에 대하여 살다

왜 그리스도인은 십자가에 그렇게 집착할까? 왜 십자가를 즐거워할까? 무엇 때문에 십자가를 자랑하게 되는 것일까?

첫째, 십자가는 죄의 죽음을 의미한다. 바울의 성명서는 이렇게 이어진다.

> "그러나 내게는 우리 주 예수 그리스도의 십자가 외에 결코 자랑할 것이 없으니 그리스도로 말미암아 세상이 나를 대하여 십자가에 못 박히고 내가 또한 세상을 대하여 그러하니라"(갈 6:14).

이때 "세상"이란 하나님이 없는 세상으로, 무의미한 세상을 의미한다. 이곳은 죄가 인류를 다스리는 곳이다. 모든 인간은 죄에서 태어나 계속 죄를 저지른다. 바울조차도 죄에 속박되었었다. 즉, 인간이 갖가지 사악한 방법으로 세상의 노예가 된 것이다.

---

28 앞의 책.

그러나 예수님이 십자가에서 죽으시면서 죄의 능력에 치명적인 타격을 입히셨다. 이미 살펴 보았듯이 죄 자체가 그분과 함께 십자가에 못 박힌 것이다(골 2:13-15). 예수님은 십자가에서 죽으심으로 단지 죄를 대속하신 것이 아니라 완전히 끝내 버리셨다.

그리스도인들은 십자가를 자랑한다. 그것은 우리 죄의 종말을 뜻하기 때문이다. 이제 죄는 우리를 통제하지 못한다. 우리는 점점 죄의 유혹과 꾐에 대하여 죽어 간다. 그리고 언젠가 그리스도가 돌아오실 때는 죄와 전혀 상관없는 상태가 될 것이다.

그리스도의 십자가를 자랑하는 또 다른 이유는 십자가가 하나님의 사랑을 가장 잘 보여 주는 증거이기 때문이다. 십자가는 성부 하나님의 사랑을 보여 준다. 그분은 자기 백성을 구원하기 위해 자신의 독생자를 희생 제물로 주셨다. 따라서 십자가를 기뻐하는 것은 하나님의 사랑을 기뻐하는 것이다.

아버지의 사랑은 언제나 자랑할 대상이다. 사람도 마찬가지이다. 한 아버지가 아들의 도시락에 짧은 메모를 붙여 놓았다. 글은 간단했다. "학교에서 좋은 하루 보내렴. 집에 돌아와서 보자꾸나. 사랑한다. 아빠가."

소년은 학교를 마치고 집에 돌아왔다. 그런데 엄마가 보니 그 메모가 아직 도시락 통에 붙어 있었다. 소년이 미처 확인하지 못한 것이다. 엄마는 그 종이를 떼어 아들에게 건네주었다. 아들은 그것을 읽더니 울기 시작했다. 엄마는 아들을 안고 왜 우는지 물었다. "아빠가 저를 이렇게 사랑하시는지 몰랐어요."[29] 이것이 바로 아버지의 사랑이 지닌 능력이다.

하나님 아버지의 사랑은 이보다 더 능력 있다. 예수 그리스도의 십자가는 하늘 아버지가 자신의 자녀들을 얼마나 깊이 사랑하고 있는지를 보여 준다. 이 십자가를 자랑하는 것은 이렇게 말하는 것이다. "봐, 우리 하늘 아버지는 나를 사랑하셔!"

그러나 십자가를 자랑하는 것은 배타적인 것이 아니라는 점을 분명히 알아야 한다. 보통 자랑이 불쾌한 이유는 그런 자랑거리가 당신에게는 없기 때문이다! 하지만 십자가를 자랑하는 것은 다른 이를 배제하지 않는다. 누구나 십자가로 올 수 있다. 예수님은 모두에게 오라고 청하시고, 죄를 용서받아 영생을 얻으라고 하신다. 그분을 받아들이면 누구나 십자가를 자랑할 수 있다.

놀라운 십자가

교회에서 가장 사랑받는 찬송가 중에 우리가 지금까지 연구한 말씀인 "그러나 내게는 우리 주 예수 그리스도의 십자가 외에 결코 자랑할 것이 없으니 그리스도로 말미암아 세상이 나를 대하

---

[29] Gary and Anne Marie Ezzo, *Growing Kids God's Way: Biblical Ethics for Parenting* (Chatsworth, CA: Growing Families International, 1993), pp. 95-96.

여 십자가에 못 박히고 내가 또한 세상을 대하여 그러하니라"(갈 6:14)에 기반을 둔 찬송이 있다. 바로 아이작 왓츠가 쓴 "주 달려 죽은 십자가"라는 찬송이다. 이 찬송은 이 세상에서 우리가 자랑할 유일한 대상에 대한 자랑을 담고 있다. 우선, 이 찬송가는 다른 온갖 자랑을 하나님이 금하신 것으로 제해 버린다.

> 주 달려 죽은 십자가 우리가 생각할 때에
> 세상에 속한 욕심을 헛된 줄 알고 버리네.
> 죽으신 구주 밖에는 자랑을 말게 하소서.
> 보혈의 공로 힘입어 교만한 맘을 버리네.

작사가는 십자가에서 흘러내리는 사랑을 이야기하고, 그리스도에게 온전히 헌신하겠다는 기도로 마무리한다. 이 헌신은 반드시 우리의 헌신이 되어야 한다.

> 못 박힌 손발 보오니 큰 자비 나타내셨네.
> 가시로 만든 면류관 우리를 위해 쓰셨네.
> 온 세상 만물 가져도 주 은혜 못 다 갚겠네.
> 놀라운 사랑 받은 나 몸으로 제물 삼겠네.
> _"주 달려 죽은 십자가", 새찬송가 149장.

"그러나 내게는 우리 주 예수 그리스도의 십자가 외에
결코 자랑할 것이 없으니"(갈 6:14).

1. 당신은 무엇이 가장 자랑스럽습니까?

....

....

2. 죄인의 사형틀이었던 십자가는 세상이 보기에 엄청난 수치입니다. 그러나 그리스도인에게 구원의 능력이 되는 그리스도의 십자가는 그 무엇보다 자랑해야 할 것이 됩니다. 성도의 자랑인 십자가를 묵상해 보십시오.

....

....

그리스도인들은 십자가를 자랑합니다. 그것은 우리 죄의 종말을 뜻하기 때문입니다. 이제 죄는 우리를 통제하지 못합니다. 우리는 점점 죄의 유혹과 꾐에 죽어갑니다. 그리고 언젠가 그리스도가 돌아오실 때는 죄와 전혀 상관없는 상태가 될 것입니다.

part 2

십자가 위 7가지 말씀

예수님께서 십자가 위에서 하신 일곱 말씀들은
예수님께서 우리를 죄에서 구원하기 위해 죽으셨음을 가르친다.
그분이 이 땅에 오신 이유는 바로 그 일을 행하기 위해서였다.

chapter 8

하나님의 마음

제임스 몽고메리 보이스

"아버지 저들을 사하여 주옵소서
자기들이 하는 것을 알지 못함이니이다"(눅 23:34).

죽기 전 남기는 말에는 의미심장한 무엇이 있기 마련인데, 죽음 앞에서 자신의 진면목을 드러내는 경우가 많기 때문이다.

프랑스 황제 나폴레옹 보나파르트(Napoleon Bonaparte)는 이렇게 말했다. "내 때가 이르기도 전에 나는 벌써 죽는다. 내 몸은 흙으로 돌아갈 것이다. 위대한 나폴레옹이라 불려 온 자의 운명이 이것이다. 나의 비참한 처지와 그리스도의 영원한 나라 사이에는 너무나 깊은 심연이 놓여 있다." 또한 유명한 프랑스 무신론자 볼테르(Voltaire)는 주치의에게 이렇게 말했다고 한다. "나는 하나님과 사람에게 버림받았소! 내 생명을 6개월 연장해 주면, 당신에게 내 재산의 절반을 주겠소."

그리고 영국의 몇몇 위인들의 믿음을 타락시켰던 영리한 회의론자 토마스 홉스(Thomas Hobbes)는 이렇게 탄식했다. "만일 온 세상이 내 것이라면, 온 세상을 갖는 것보다 단 하루 더 사는 편을 택할 것이다. 이제 나는 어둠 속으로 뛰어들기 직전이다."

예수님이 남기신 말씀들

예수님의 가상칠언을 그분의 "유언"으로 부르는 것에 대해 나는 언제나 거부감을 느껴왔다. "유언"이라는 표현은 마치 예수님께서 부활하지 않으셔서 더 이상 아무 말씀도 하지 않으신 것 같은 느낌을 주기 때문이다. 물론, 예수님은 다시 살아나셨다. 그 놀라운 사실로 인해 기독교가 이렇게 존재하지 않는가. 예수님은 부활 후 승천하시기까지 40일 동안 다른 말씀도 하셨는데, 굳이 "유언"이라고 표현하고자 한다면, 그 40일간의 말씀들이 유언일 것이다.

이렇듯 십자가 위에서 하신 말씀들을 유언으로 간주할 수는 없어도 몇 가지 이유에서 그 말씀들은 의미심장하다. 첫째, 그 말씀들은 예수님께서 자신의 영혼을 하나님께 맡기는 마지막 순간까지 또렷한 의식을 갖고 계셨음을 보여 준다. 둘째, 그것들은 예수님께서 자신의 죽음이 세상 죄를 속하기 위한 것임을 인식하고 계셨음을 보여 준다. 셋째, 그 말씀들은 예수님이 자신의 죽음이 그 속죄 사역에 꼭 필요하다는 사실을 알고 계셨음을 보여 준다. 예수님은 자신이 행해야 하는 일을 흡족히 여기셨다. 좌절 가운데 죽음을 맞이한 것이 아니다. 더욱이 그 말씀들은 가장 고통스러운 순간에도 다른 사람들을 향한 놀라운 관심과 사랑을 보여 준다.

예수님이 십자가에서 하신 말씀, 가상칠언은 다음과 같다.

1. **"아버지 저들을 사하여 주옵소서 자기들이 하는 것을 알지 못함이니이다"**(눅 23:34).

자신을 십자가에 못 박은 자들을 용서해 줄 것을 하나님께 간구하는 말씀으로, 주님의 자비로운 마음을 보여 준다.

2. **"내가 진실로 네게 이르노니 오늘 네가 나와 함께 낙원에 있으리라"**(눅 23:43).

믿음을 보인 강도에게 하신 말씀이다. 주님은 그에게 구원을 확실하게 약속하셨다. 이 말씀은 삶이 지속되는 한 예수님을 믿고 구원받을 기회가 언제나 있음을 보여 준다.

3. "여자여 보소서 아들이니이다……보라 네 어머니라"
(요 19:26-27).

예수님은 제자들 중 하나인 요한에게 모친 마리아를 맡기시며 가족을 배려하는 마음을 나타내셨다.

4. "내가 목마르다"(요 19:28).

예수님의 인성을 보여 주는 말씀이다. 또한 이것은 죽음의 모든 국면들이 성경 예언에 따른 것임을 보여 준다.

5. "나의 하나님, 나의 하나님, 어찌하여 나를 버리셨나이까"
(마 27:46; 막 15:34).

괴로움이 고스란히 표현된 말씀으로, 십자가 위에서 어떤 일이 일어났는지 가장 적나라하게 드러낸다. 속죄의 성격과 우리의 구원을 위해 하나님이 무엇을 지불해야 했는지를 보여 준다.

6. "다 이루었다"(요 19:30).

가장 중요한 말씀이다. 이것은 예수님의 생명이 끝났음을 가리키는 것이 아니라 속죄 사역의 완성을 뜻하기 때문이다. 우리가 구원을 확신할 수 있는 것은 예수님께서 완전하고도 최종적인 속죄를 이루셨기 때문이다.

7. "아버지 내 영혼을 아버지 손에 부탁하나이다"(눅 23:46).

마지막 순간까지 예수님이 자신의 삶을 컨트롤하고 계셨음을 보여 주는 말씀이다. 또한 아버지와의 관계를 보여 주는 말씀이기도 하다.

예수님의 가상칠언은 2천 년 동안 여러 설교자와 교인들의 마음을 움직여 왔는데, 이를 통해 다음과 같은 일곱 가지 의무를 가르쳐 왔다.

1. 원수를 용서해야 한다.
2. 그리스도를 믿어야 한다.
3. 부모를 공경해야 한다.
4. 하나님 말씀을 실현하는 데 가장 높은 가치를 두어야 한다.
5. 가장 암담한 순간에도 하나님을 붙들어야 한다.
6. 하나님께로부터 받은 과업을 끝까지 인내하며 감당해야 한다.
7. 하나님의 뜻이라면 모든 것을, 생명마저도 하나님께 드려야 한다.

그러나 이러한 의무를 깨닫는 것보다 훨씬 더 중요한 일은 이 말씀을 통해 그리스도의 성품과 사역 자체에 관해 배우는 것이다. 우리는 바로 그 점에 초점을 맞추고자 한다. 그 말씀들은 예수님께서 우리를 죄에서 구원하기 위해 죽으셨음을 가르친다.

그분이 이 땅에 오신 이유는 바로 그 일을 위해서였다. 우리의 삶이 지속되는 한, 죄로부터 돌이켜 예수님을 구주로 의지할 수 있는 기회는 언제나 주어져 있다. 죽어가는 강도가 돌이키자 예수님은 그에게 "오늘 네가 나와 함께 낙원에 있으리라"(눅 23:43)라고 말씀하셨다. 이 책을 읽는 당신도 십자가에 달린 강도처럼, 영적 사망으로부터 영적 생명으로 전환할 수 있기를 바란다.

위대한 용서

가상칠언 중, "아버지 저들을 사하여 주옵소서 자기들이 하는 것을 알지 못함이니이다"(눅 23:34)라는 말씀부터 생각해 보자. 이는 예수 그리스도께서 두 죄수들과 함께 거친 목재 형틀에 달리셨을 때 처음 하셨던 말씀이다. 굵은 쇠못으로 팔과 발이 형틀에 박힌 채 사람들이 미리 파둔 구덩이에 거칠게 내리박히는, 극한의 고통을 느끼는 순간이었던 것이다. 십자가형은 인간이 고안해 낸 처형 중에서 가장 잔혹하고 오랜 고통을 느끼며 죽어 가게 하는 극형이다.

그러나 예수님의 십자가 처형은 '잔혹하기만' 한 것이 아니라 '부당한' 것이었다. 그분에게는 죄가 전혀 없었기 때문이다. 바로 그날 아침에 재판관인 본디오 빌라도는 무려 세 차례에 걸쳐 예수님의 무죄를 선언했었다. "나는 그에게서 아무 죄도 찾지 못하였노라"(요 18:38 ; 요 19:4, 6 참조). 빌라도가 십자가 처형에 동의했던 것은, 예수님의 대적들이 빌라도가 왕을 자처하는 위험한 반란자를 비호하고 있다는 식으로 가이사에게 보고할 거라고 위협했기 때문이다. 빌라도가 "나사렛 예수 유대인의 왕"이라 기록된 죄패를 십자가에 걸게 했던 것도 바로 그 때문이다. 그는 정치적 모반자에게 관대하다는 인상을 주고 싶지 않았던 것이다.

그 십자가 처형은 잔인하고 부당했을 뿐만 아니라, 수치스럽고 모욕적이었다. 유명한 웅변가 키케로(Cicero)는 로마인으로서의 거만한 자존감을 깔고서 이렇게 말했다.

> 로마 시민을 결박하는 것은 범죄이고, 그를 매질하는 것은 증오스러운 행위이며, 그를 살해하는 것은 극악한 살인이다. 그를 십자가에 못 박는 건 어떨까? 그토록 끔찍한 짓에 대해선 묘사할 말조차 없을 것이다![30]

예수님은 잔인하고 부당하게 그리고 치욕스럽게 처형당하셨다. 하지만 그처럼 극도로 고통스러운 순간에 그분은 대적들을 용서해 달라는 기도를 올리셨다.

---

30   Cicero, *The Verrine Orations*, L. H. G. Greenwood 역, *Loeb Classical Library* (Cambridge, Mass.: Harvard University Press, 1953), vol. 2, p. 170.

"아버지 저들을 사하여 주옵소서 자기들이 하는 것을 알지 못함이니이다"(눅 23:34).

그렇다면 하나님은 주님의 기도를 들어주셨을까? 물론이다. 천국에 가서 그 부당한 재판과 처형에 관여한 자들 중 얼마나 많은 이들이 회개하고 예수님을 구주로 영접했는지를 보기 전까지는 하나님의 응답을 온전히 알 순 없겠으나, 하나님은 그 기도를 들어주셨을 것이다.

위대한 성공회 주교였던 존 찰스 라일(John Charles Ryle)은 다음과 같이 기록했다.

> 예수님께서 십자가 처형을 당하신 후 첫 6개월 동안 예루살렘에서 일어난 회심 중, 얼마 정도가 이 놀라운 기도에 대한 직접적인 응답인지 우리는 전혀 알 수 없다. 어쩌면 십자가에 달린 강도의 회개가 이 기도에 대한 첫 번째 응답일 수도 있다. 그리고 주님을 가리켜 '의인'이라 선언했던 백부장이나 주님의 죽으심을 보고 '가슴을 치며 돌아갔던' 사람들이 이 말씀에 깊은 감명을 받았을 수도 있으며, 오순절 성령 강림 사건 때에 회심한 3천 명의 무리 중 주님을 핍박하는 일에 가담했던 사람이 있을 수도 있다.…… 우리는

이 놀라운 기도가 응답되었다고 확신한다.[31]

너무나 자애롭고 긍휼이 많으심을 보여 주는 그분의 이 간구로 회심한 이들이 많았다. 동서고금을 막론하고, 그분의 돌보심을 못 받을 정도로 심한 죄를 짓거나 강퍅한 마음을 지닌 자는 단 한 명도 존재하지 않는다. 그는 우리를 돌보시며 우리의 죄를 사하여 주시는 은혜를 베푸신다. 만일 우리가 회개하고 그리스도를 믿고자 하면, 이 기도가 우리에게도 적용될 것이다.

대가가 필요한 용서

십자가 위에서 하신 예수님의 첫 말씀에 대해 우리가 반드시 이해해야 할 것이 또 있는데, 그것은 이 용서에 엄청난 대가가 필요했다는 것이다. 용서는 싼값에 주어지는 것이 아니다. 왜냐하면 하나님은 거룩하고 공의로운 통치자이시므로 공의롭게 행하셔야 하기 때문이다. 하나님은 옳지 않거나 공의롭지 않게 행하실 수 없다.

옳은 것이 무엇인가? 옳은 것이란 죄를 징벌하고 악을 심판하는 것이다. 그 상황에서 우리가 기대하는 하나님의 공의로우신

---

31   John Charles Ryle, *Expository Thoughts on the Gospels: St. Luke* (Cambridge, England: James Clarke & Co., 1976), vol. 2, p. 463.

행동은, 재판관 역을 맡았던 빌라도와 예수님을 십자가에 달았던 병사들, 음모를 꾸몄던 지도자들, 예수님을 죽이라며 소리쳤던 무리들에 대한 징벌일 것이다. 그들은 하나님의 독생자를 살해하는 큰 죄를 범했기 때문에 지옥 형벌을 받는 것이 마땅했다.

혹여 하나님은 아무런 대가 없이 용서하길 원하셨을 수도 있으나, 하나님은 당신의 공의를 거스르실 수 없으셨다. 이들 두 가지를 동시에 만족시키는 것이 바로 십자가였다. 가상칠언을 특별히 십자가 위에서 말씀하신 것도 바로 이 때문이다. 또한 예수님께서 "아버지 저들을 사하여 주옵소서"라고 기도하실 수 있었던 것도 당신의 죽음이 죄인들의 죽음을 대신하기 때문이다. 하나님은 단지 죄를 잊거나 간과하지 않으시고 죄를 직접 처리하셨다. 공의의 징벌을 가하셨다. 죄인들이 아닌 자신의 아들을 대신 징벌하신 것이다. 용서하시되 엄청난 대가를 치르게 하시는 것, 이것이 바로 하나님의 마음이다.

성경의 가르침보다는 이 땅의 생각에 더 익숙한 이들의 귀에는 그 사실이 불편하게 들릴지 모르겠다. 하지만 죽음 이후 각자의 삶을 결산해야 하는 상황에서 하나님 앞에 설 수 있는 유일한 소망은 이 사실뿐이다. 우리는 죄인이므로 결백을 주장할 수 없다. 그러므로 우리를 대신하신 예수 그리스도의 죽음만이 우리의 유일한 소망이다.

우리는 그 사실을 믿을 수가 있다. 하나님이 우리의 믿음을 친히 독려하고 계시기 때문이다. 성경은 "우리가 아직 죄인 되었을 때에 그리스도께서 우리를 위하여 죽으심으로 하나님께서 우리에 대한 자기의 사랑을 확증하셨느니라"(롬 5:8)라고 말한다. 이것이 바로 하나님의 마음이며 기독교의 핵심이다.

"아버지 저들을 사하여 주옵소서
자기들이 하는 것을 알지 못함이니이다"(눅 23:34).

1. 예수님은 왜 십자가에 못 박히셨습니까?

_____

_____

2. 십자가형은 잔인하고 부당했을 뿐만 아니라 수치스럽고 모욕적인 것이 었습니다. 극한의 고통을 느끼는 순간에도 사랑으로 우리를 용서하시는 예수님의 마음을 묵상해 보십시오.

_____

_____

하나님은 거룩하고 공의로우시기 때문에, 용서에는 엄청난 대가가 필요합니다. 그래서 예수님이 십자가에 달리셨습니다. 가장 고통스러운 죽음 앞에서 드러난 하나님의 마음은 사랑이었습니다. 우리는 그 자비로운 주님의 마음으로 죄에서 구원받는 은혜를 입었습니다.

chapter 9

최고의 행운아

필립 라이큰

"내가 진실로 네게 이르노니
오늘 네가 나와 함께 낙원에 있으리라"(눅 23:43).

십자가 위의 강도는 최고의 행운아였음이 분명하다.

그는 밑바닥 생활을 하던 범죄자요 실패자였다. 자신이 범한 죄 때문에 유죄 판결을 받고서는 십자가형을 당하게 된 것이다. 그에게는 미래가 없었으며, 그가 갈 곳은 지옥뿐이었다. 그러나 그는 십자가 처형을 집행할 수많은 로마의 언덕들과 십자가에 달린 수많은 죄수들 중에서 예수님의 바로 옆 십자가에 달렸다.

그 강도는 죽기 직전, 즉 영원한 구렁텅이로 떨어지기 직전인 그 마지막 순간에 영생의 선물을 얻었다. 만일 그가 다른 곳에서,

다른 시각에, 그리고 다른 십자가에 달렸다면, 그는 영원히 잊힌 존재에 불과했을 것이다. 하지만 그는 다른 장소에서, 다른 시각에, 다른 십자가에 달리지 않았다. 그는 예루살렘 외곽의 골고다에서, 예수님의 십자가 바로 오른편 십자가에서 죽었다. 바로 '그' 십자가에서 죽었기 때문에, 그 강도는 영생을 구하고 예수님의 복된 말씀을 들을 수 있었다. "내가 진실로 네게 이르노니 오늘 네가 나와 함께 낙원에 있으리라"(눅 23:43). 그는 그 말씀을 들었을 뿐만 아니라, 바로 그날에 천국으로 가서 지금까지 거기서 살고 있다.

그가 운이 좋았다고 생각하는가? 당신도 그렇다. 회개한 강도가 예수님께로부터 얻은 구원을 당신도 얻을 수 있다. 당신도 십자가에서 예수님을 만날 수 있다. 심지어 당신은 죄 때문에 십자가에 못 박힐 필요조차 없다. 하지만 우리도 예수님 오른편에 달린 강도처럼 다음 세 가지를 행해야 한다.

죄를 고백하다

먼저, 자신이 죄인임을 인정해야 한다. 구원은 죄인을 위한 것이다. 여기서 '죄인'이란 하나님께 반역하는 삶을 사는 자를 가리키는데, 이 반역에는 우리가 생각할 수 있는 죄와 생각하지 못하는 죄까지 모두 포함된다. 생각할 수 있는 죄에는 거짓말, 도둑질, 간음, 위선 등이 있고, 생각하지 못하는 죄에는 조급함, 탐욕, 교만, 용서하지 않음 또는 기도하지 않음 등이 있다.

십자가에 달려 죽어 가는 범죄자라고 해서 다 죄인임을 시인하는 건 아니다. 예수님과 함께 십자가에 달린 죄수는 두 명이었으나, 그중 한 명만이 회개했다. 다른 한 죄수는 자신이 죄인임을 시인하지 않았다. 그는 예수님을 비방하면서 "네가 그리스도가 아니냐 너와 우리를 구원하라"(눅 23:39)라고 말했다. 그 죄수는 자신의 잘못을 인정할 생각조차 하지 않았다. 그런 사람은 늘 자신보다 열악한 처지에 있는 자를 찾아서 공격하려 든다. 고통 속에서 서서히 죽어 가는 상황에서도, 그는 구세주를 조롱하기에 급급했다.

자신이 죄인임을 시인하는 것은 이렇듯 쉽지만은 않다. 죄인에게는 그것이 가장 힘든 일일 수 있다. 대개 우리는 자신보다 못한 처지에 놓인 사람을 찾아서 위안을 삼으려 하는데, 이는 죄책감에서 벗어나 보려는 행위이다. 죄인들은 자신의 내면을 명확히 들여다보지 못하기 때문에 혼란스러운 마음을 갖는다. 그들은 자신의 반역적인 성향을 깨닫지 못하며 하나님이 죄를 얼마나 혐오하시는지를 이해하지 못한다. 회개하고 예수님의 친구가 된 강도의 고백이 그토록 놀라운 것도 바로 이 때문이다. 그는 회개하지 않고 예수님을 비방하던 죄수에게 이렇게 말했다.

"네가 동일한 정죄를 받고서도 하나님을 두려워하지 아니하느냐 우리는 우리가 행한 일에 상당한 보응을 받는 것이니 이에 당연하거니와 이 사람이 행한 것은 옳지 않은 것이 없느니라"(눅 23:40-41).

그는 자신이 죄인임을 시인했다. 자신이 죄를 저질렀기 때문에 처형당하는 것이 마땅함을 시인했다. 또한 그는 자신의 죄가 단지 사람에 대한 범죄일 뿐만 아니라 하나님을 거역한 것임을 시인했다. 십자가 처형은 그로 하여금 하나님을 두려워하게 만들었다. 하나님께 반역하며 살아가는 죄인은 하나님을 두려워해야 한다.

양심의 소리에 귀 기울이면, 하나님을 두려워해야 한다는 소리가 들릴 것이다. 회개한 강도는 양심에 귀를 기울였고, 자신이 죄 때문에 죽어 마땅한 죄인임을 인정했다. 또한 그는 로마 처형법에 의한 물리적인 죽음만이 아니라 하나님에 의한 영적인 죽음도 자신에게 마땅함을 알았다.

우리는 각자의 죄를 낙원으로 가지고 갈 수 없다. 만일 우리가 그곳에 가고 싶다면, 자신이 죄인임을 시인해야 한다. 그리고 예수 그리스도를 믿는 믿음으로 자신의 죄를 제거하는 첫 단계를 밟아야 한다.

예수님의 무죄를 고백하다

우리는 예수님이 죄인이 아니셨음을 고백해야 한다. 이것이 회개한 강도가 했던 두 번째 일이다. 그는 예수님이 하나님의 아들이심을 고백했다.

"우리는 우리가 행한 일에 상당한 보응을 받는 것이니 이에 당연하거니와 이 사람이 행한 것은 옳지 않은 것이 없느니라"(눅 23:41).

비록 그 자신은 죄인이었지만, 그리스도에게는 죄가 없음을 말할 수 있었다. 예수님이 아무런 잘못도 범하지 않으셨음을 그는 확신했다.

그는 십자가에서 죽어 가며 이를 깨달았던 것 같다. 예수님께서 십자가에서 하신 첫 번째 말씀을 생각해 보라.

"아버지 저들을 사하여 주옵소서 자기들이 하는 것을 알지 못함이니이다"(눅 23:34).

회개한 강도는 이 말씀을 듣고 예수님의 기도에 계시된 용서하시는 하나님의 마음에 감명받았을 것이다. 그래서 그는 원수를 위해 이렇듯 기도할 수 있는 사람이라면 완전하신 분임이 분명하다고 결론지었을 것이다.

어쨌든 회개한 강도가 예수님에 관하여 한 말은 사실이었다. 예수님에게는 죄가 없었다. 주님은 불법 감금과 거짓 고발을 당했고, 그릇된 판결을 받았으며, 또한 부당하게 처형되셨다. 그것은 인류 역사상 가장 심각한 오판이었다.

예수님의 가르침을 살펴보면 모든 말씀이 얼마나 선하고 진실한지를 알 수 있으며, 예수님의 행적을 읽어 보면 그분의 모든 행동이 얼마나 올바르고 완전한지를 알 수 있다. 예수님을 더 많이 알아 갈수록 그분이 하나님의 아들이라는 사실은 더 분명해진다. 즉, 낙원에 들어가고자 한다면 예수님께서 무죄하심을 고백해야 한다.

예수님이 제공하시는 것을 간구하다

세 번째로 해야 할 일은 예수님이 베푸시는 구원을 간구하는 것이다. 누가가 기록한 두 강도에 관한 사실 중 주목할 만한 점은 두 강도 모두 예수님께 구원을 구했다는 것이다.

> "달린 행악자 중 하나는 비방하여 이르되 네가 그리스도가 아니냐 너와 우리를 구원하라 하되"(눅 23:39).

이 강도는 십자가에서 예수 그리스도를 대면했으며, 구원을 구했으나 얻지 못했다. 이는 두려워할 만한 사실이다. 십자가에서 예수님을 만나고도 구원을 얻지 못할 수도 있다.

왜 그렇게 되었을까? 두 강도는 모두 악인이었고 둘 다 구원을 구했지만, 한 명만이 낙원으로 갔다.

회개하지 않은 강도는 구원을 구할 때 진지하지 않았다. 그는 예수님을 모욕했고 조롱 조로 말했다. "네가 그리스도가 아니냐?"라며 비웃었다. 그는 입술로는 예수님께 구원을 구했으나 마음속으로는 예수님을 신뢰하지 않았다. 예수님을 왕으로 받아들이지 않았다.

그의 요청에는 또 다른 문제가 있었다. 그가 구했던 구원은 예수님이 제공하시는 것이 아니었다. 그는 "너와 우리를 구원하라"라고 말했는데, 이는 "그 십자가에서 내려가 나도 구해내라"는 말이었다. 즉, 그가 구한 것은 영생이 아니라 육신의 구원이었다. 그는 영혼의 구원을 얻으려 한 것이 아니라, 단지 지금 당장 자신의 몸을 지키는 데 몰두했다.

물론 예수님은 그 강도를 십자가에서 구해내실 수도 있었다. 하지만 예수님께는 더 중요한 일이 있었다. 사람들의 죗값을 지불하는 일, 사망에 대한 영원한 승리를 얻는 일, 영생에 이르는 길을 여는 일 등이었다.

예수님의 친구가 되어 낙원으로 초청받은 강도는 이런 일들을 어느 정도 알았던 것이 분명하다. 왜냐하면 그는 회개하지 않은 강도와는 정반대로 행동했기 때문이다. 그는 예수님께서 베푸시는 구원을 간구했다.

"예수여 당신의 나라에 임하실 때에 나를 기억하소서"(눅 23:42).

회개한 강도는 '영원한' 구원을 간구했다. 장래의 그 무엇을 예수님께 간구했다. 그는 예수님께서 당신의 나라에 임하실 때 기억해 주시기를 요청했다. 그는 이생의 일시적인 곤경으로부터의 구원이 아닌 영원한 구원을 간구했다.

또한 그는 예수님이 십자가 위에서 과업을 완료하실 때까지 구원을 기다려야 함을 이해한 것 같다. 만약 예수님이 십자가에서 내려오셨다면 아무도 구원하지 못하셨을 것이다. 회개하지 않은 강도의 문제점이 바로 그것이다. 그는 예수님이 십자가를 떠나길 원했다. 그러나 예수님은 구원을 이루기 위해 십자가에 머무르셔야 했고, 누군가를 구원하기 전에 먼저 죽으셔야 했다. 죄로 인한 죽음을 완료하신 후에야 비로소 구원을 베푸실 수 있었다.

회개한 강도도 '개인적인' 구원을 간구했다. 그는 바로 옆 십자가에 달리신 분께 "예수여" 하고 불렀다. 복음서의 다른 곳에서는 예수님을 그렇게 부른 예가 발견되지 않는다. 대개 사람들은 예수님을 "선생님"이나 "주"로 지칭했다. 하지만 그 강도는 예수님을 친밀하게 이름으로 불렀다. 개인적인 구원을 간구하고 있었기에 개인적인 호칭을 사용한 것이다.

예수님께서 제시하시는 구원이 바로 그런 것이다. 예수님이 십자가 위에서 이 강도에게 하신 말씀 중, 중요한 단어는 "낙원"이다. 예수님은 회개하는 죄인들을 위해 천국에 거처를 예비하러 가셨다(요 14:1-6 참조). 그러나 사실상 구원은 낙원에 대한 것이 아니다. 예수님께서는 낙원보다 더 좋은, 당신과의 친밀한 관계를 제시하셨다. "오늘 네가 '나와 함께' 낙원에 있으리라"라고 예수님이 말씀하셨다.

예수님과 함께 있기 때문에 낙원은 낙원다워진다. 회개한 강도는 십자가에 달려 있는 중에, 일생토록 기다려 왔었던, 살아 계신 하나님과의 개인적이고 친밀한 사랑의 관계를 마침내 발견했다.

구원이 행운의 문제는 아니지만, 누구나 회개한 강도처럼 행운아가 될 수 있다. 구원은 하나님의 은혜에 관한 문제이다. 그 은혜를 받아야 한다. 회개한 강도가 그랬듯이, 당신도 십자가에서 예수님을 만날 수 있다. 하지만 먼저 자신이 죄인임을 시인하고 예수님이 무죄하심을 고백해야 한다. 또한 그분이 베푸시는 영원하고도 개인적인 구원을 간구해야 한다. 그렇게 할 때, 예수님이 그 강도에게 말씀하신 것과 똑같은 대답을 해주실 것이다.

"내가 진실로 네게 이르노니 오늘 네가 나와 함께 낙원에 있으리라"(눅 23:43).

> "내가 진실로 네게 이르노니
> 오늘 네가 나와 함께 낙원에 있으리라"(눅 23:43).

1. 당신이 용서받아야 할 죄인이라는 것에 동의합니까?

　
　

2. 우리는 공의로우신 하나님을 두려워하는 마음으로 내면의 죄를 명확히 들여다보며 죄를 시인해야 합니다. 죄인임을 인정하며 그 가운데 베풀어 주시는 놀라운 하나님의 은혜를 묵상해 보십시오.

　
　

우리는 모두 십자가의 복음을 들은 행운아입니다. 그 십자가에서 예수님을 만날 수 있습니다. 죄를 시인하고, 예수님의 무죄를 고백하고, 영원한 구원을 간구할 때, 살아 계신 하나님과의 개인적이고 친밀한 사랑의 관계로 들어갈 수 있습니다. 예수님께서는 말씀하십니다. "오늘 네가 나와 함께 낙원에 있으리라."

chapter 10

가족의 끈

필립 라이큰

"여자여 보소서 아들이니이다……
보라 네 어머니라"(요 19:26-27).

십자가에서 하신 처음 두 말씀에서 예수님은 대적들을 용서하셨고 친구를 낙원으로 초청하셨다. 그리고 이제 주님은 가족의 상황에 관심을 보이신다. 그 일이 무엇인지를 이해하기 위해서는 먼저 예수님의 가족사를 살펴볼 필요가 있다.

누가 내 어머니이며 내 동생들이냐

예수님의 잉태는 소위 혼전 임신의 의구심을 불러일으킬 만한 상황이었다. 마리아와 요셉은 결혼을 약속한 상태로 아직 성관계를 갖기 전이었다. 하지만 마리아는 자신이 임신한 사실을 발견했다. 이에 천사가 나타나 마리아와 그녀의 약혼자에게 그 아이는 성령에 의해 잉태된 것이라고 설명해 주었다.

그들은 하나님을 믿었지만, 그 사실은 누구도 이해하기 힘든 것이었다. 나사렛 사람들은 마리아가 결혼도 안 한 상태에서 너무 앞서 갔다고 생각했을 것이다. 작은 마을에서 험담의 대상으로 살아가기란 너무나 힘든 일이었을 것이다. 예수님이 태어나신 후에도 마리아는 여전히 위협을 느꼈을 것이다. 그녀는 예수님을 예루살렘 성전으로 데려가 할례를 받게 했는데 그때 이 예언을 들었다.

"칼이 네 마음을 찌르듯 하리니"(눅 2:35).

이런 말을 듣는 아이 엄마의 마음은 어떠했을까? 그 후에 그들은 애굽으로 잠시 피신하게 되었다. 왕이 태어났다는 이야기를 들은 헤롯왕이 위협을 느끼고 베들레헴과 그 주변의 모든 유아들을 죽이도록 지시했기 때문이다. 그래서 요셉은 마리아와 어린 예수님을 데리고 애굽으로 떠났다(마 2:7-18). 어린아이를 업고 나귀에 짐을 싣고서 먼 이국땅으로 향하기란 결코 쉽지 않았을 것이다.

예수님이 열두 살이 되던 해 유월절을 지키기 위해 가족과 함께 예루살렘으로 간 적이 있었다. 절기가 끝난 후 하룻길을 걸어 나사렛으로 향하고 있을 때, 마리아와 요셉은 친지들의 행렬 속에 예수님이 없는 것을 알게 되었다. 깜짝 놀란 마리아와 요셉은 황급히 예루살렘으로 되돌아갔다. 아마도 쇼핑몰에서 아이를 잃어버린 것 같은 심정이었으리라. 사흘 후에 마침내 예수님을 찾았는데, 예수님은 성전에서 학자들과 신학 토론을 하고 계셨다. 마리아가 "아이야 어찌하여 우리에게 이렇게 하였느냐 보라 네 아버지와 내가 근심하여 너를 찾았노라"(눅 2:48)라고 하자 예수님은 "내가 내 아버지 집에 있어야 될 줄을 알지 못하셨나이까"(눅 2:49)라고 반문하셨다.

예수님은 결코 문제아가 아니었다. 도리어 그는 부모에게 순종하는 착한 소년이었다(눅 2:51). 그러나 예수님이 점차 자라면서 하나님의 아들로서의 유일무이한 정체성과 구세주로서의 사역이 가족의 끈을 팽팽하게 긴장시킨 것이다.

예수님께서 가르치는 사역을 시작하시자 그 긴장감은 한층 더 심해졌다. 일종의 순회 설교자가 됨으로써 가족의 일을 접으신 것이다. 사역을 시작하면서 이웃의 따돌림에 직면하신 예수님은, "선지자가 고향에서는 환영을 받는 자가 없느니라"(눅 4:24)라고 말씀하셨다. 그들은 예수님을 동네 밖으로 내쫓았다.

마리아가 예수님의 사역을 도우려고 했던 적이 있었다. 그들이 참석한 가나의 혼인 잔치에서 포도주가 바닥이 난 것이다. 그녀는 무슨 조치를 취해야 한다고 예수님께 말했다. 그러자 예수님은 "여자여 나와 무슨 상관이 있나이까 내 때가 아직 이르지 아니하였나이다"(요 2:4)라고 말씀하셨다. 하나님의 아들로서의 정체성은 마리아의 아들로서의 정체성보다 우선시되어야 했다.

한번은 마리아와 그녀의 아들들이 인근 마을에서 예수님이 가르치고 있다는 말을 듣고는 찾아갔다. 하지만 큰 무리 때문에 바깥쪽에서 잠시 기다려야 했는데, 누군가가 예수님께 이 소식을 전해 주었다.

"당신의 어머니와 동생들이 당신께 말하려고 밖에 서 있나이다"(마 12:47).

그러자 예수님은 "누가 내 어머니이며 내 동생들이냐"(마 12:48)라고 대답하셨다. 그리고 제자들을 가리키면서 "나의 어머니와 나의 동생들을 보라 누구든지 하늘에 계신 내 아버지의 뜻대로 행하는 자가 내 형제요 자매요 어머니이니라"(마 12:49-50)라고 말씀하셨다. 예수님은 하나님의 뜻을 행하는 자들이 곧 자신의 가족임을 영적으로 재규정하셨다.

십자가에서 끊긴 가족의 끈

이전에도 가족의 끈은 팽팽히 긴장되어 있었지만, 십자가 위에서 그 끈은 완전히 끊어져 버렸다. 십자가 처형을 당하는 장남의 모습을 보면서 마리아가 겪은 고뇌는 엄청났을 것이다. 그때 예수님은 마리아에게 "여자여 보소서 아들이니이다"(요 19:26)라고 말씀하셨다. 예수님은 그녀를 "어머니"라고 부르지 않으셨다. 마리아는 더 이상 그분의 어머니가 아니었고, 예수님은 더 이상 그녀의 아들이 아니었다.

바로 그 순간까지도 마리아는 자기 아들이 죽지 않기를 바랐을 것이다. 그녀는 예수님이 이적을 행할 수 있으며, 천사들을 부를 수도 있고, 스스로 십자가에서 내려올 수도 있음을 알고 있었다. 하지만 "여자여 보소서 아들이니이다"라는 말을 듣고는 예수님이 자기에게 죽음에 임박한 작별 인사를 하고 있음을 짐작했다. 그 말은 그녀가 오래도록 두려워해 왔던 "마음을 찌르는 칼"이었다.

칼로 찌르는 것 같은 그 말씀에는 자상한 배려의 마음이 들어 있었다. 예수님이 마리아를 향해 "여자여" 하고 부르셨고, 그 호칭에는 애틋한 사랑의 마음이 담겨 있었다. 예수님은 사랑하는 제자에게 마리아를 보살펴 달라고 했는데, 아마 그 제자는 요한이었을 것이다. 그는 예수님의 사랑을 받은 자요 십자가 처형을 목격한 자였다. 요한은 마리아를 자신의 어머니처럼 돌볼 책임을 맡았고, 그분의 당부대로 했다.

"그 때부터 그 제자가 자기 집에 모시니라"(요 19:27).

예수님은 이 장면을 통해 부모에 대한 사랑을 가르쳐 주신다.

너무나 당연한 도리를 여기서 언급하는 것은, 우리가 가족의 끈이 끊어지는 것을 당연시하는 문화 속에 살고 있기 때문이다. 로버트슨 맥퀼킨(Robertson McQuilkin)은 가족 사랑에 관한 현대인들의 태도를 다음과 같이 간략히 언급했다.

> 내가 참석했던 한 연수회에서 어느 전문가가 말하기를, 사람들이 가족 구성원을 요양 시설보다는 집에서 보살피려 하는 건 경제적인 여건과 죄책감 때문이라고 했다. 후에 나는 그녀와 개인적으로 이야기를 나누면서, 다른 이유들을 유도해 내보려 했다. 하지만 그 두 가지 이유 외에는 없다는 것이 그녀의 단호한 주장이었다. 내가 "사랑하기 때문에 그런 건 아닐까요?" 하고 묻자, 그녀는 "그것마저 죄책감 아래에 있는 것일 뿐이죠."라고 대답했다.[32]

---

32 Robertson McQuilkin, "Muriel's Blessing," *Christianity Today*, 1996년 2월 5일, p. 32.

우리는 오래되고 낡은 것을 무시하며 심지어 폐기하는 문화 속에서 살고 있다. 하지만 예수님의 가르침은 정반대이다. 그분은 형제자매를 사랑하고, 자녀를 소중히 돌보며, 또한 부모를 공경하도록 가르치신다(출 20:12 참조). 가족 구성원들 특히, 연로한 이들의 필요를 살필 것을 가르치신다. 그분은 자신이 더 이상 어머니를 직접 보살필 수 없는 시점에서도, 가장 신뢰할 만한 친구에게 어머니를 맡기셨다. 어머니에게 거주할 곳과 먹을 음식이 계속 제공되며 가족의 사랑과 후원이 주어지길 원하셨다. 이에 윌리엄 바클레이(William Barclay)는 다음과 같이 말했다.

> 십자가의 고통 속에서도, 세상 구원의 임무를 수행하는 와중에도, 예수님께서 모친의 안위를 생각하셨다는 사실은 무한한 감동을 준다.[33]

새로운 가족의 끈

예수님이 어머니를 위해 하신 일이 하나 더 있다. 그것은 가장 중요한 일로, 마리아와 아들로서 연결되었던 끈을 끊음과 동시에 그녀의 구주로서 새로운 영적 관계를 세우신 것이었다.

33　William Barclay, *The Gospel of John*, 편저 (Philadelphia: The Westminster Press, 1975), vol. 2, p. 257.

마리아는 예수님을 말구유에서 처음 만났다. 그분을 맨 처음 만난 사람이 바로 마리아였다. 그녀는 복중에서 예수님이 뛰노는 것을 느꼈고, 그분을 낳아 팔에 안았으며, 젖을 먹여 키웠다. 하지만 마리아가 예수님을 자신의 구주로 만나게 된 것은 십자가에서였다. 그녀가 구주로서의 예수님을 발견하기 위해서는 아들로서의 그분을 잃어야 했다. 마리아는 다른 제자들과 함께 자신의 자리에 있어야 했다. 즉 죄인으로서 십자가 아래에 서 있었다. 그녀는 자신의 죄를 대신하신 예수님의 죽음을 필요로 했다.

십자가에서 죽어 가는 아들을 바라보는 마리아의 고통을 묘사한 토마스 워턴(Thomas Warton)의 시가 있다.

아래를 보라!
그리스도께서 달리신 그곳,
울며 서 있는 마리아,
하염없이 흐르는 눈물, 가슴을 치며,
긴 머리를 눈물로 적신다 –
"내 고통스러운 머리를 어디다 둘꼬?
내 아들, 나의 왕, 나의 하나님이 죽으셨도다!"[34]

---

34 Thomas Warton the Elder, "Ode on the Passion", Robert Atwan과 Lawrence Wieder, 편저, *Chapters into Verse: Poetry in English Inspired by the Bible* (New York: Oxford University Press, 1993), vol. 2, pp. 214-215.

마지막 행은 마리아와 예수님의 관계가 어떻게 변화되었는지 설명해 준다. "내 아들, 나의 왕, 나의 하나님." 처음에 예수님은 그녀의 아들이었다. 그러나 이제 예수님은 그녀의 하나님이요 왕이시다. 왜냐하면 그녀는 십자가에서 그분을 만났기 때문이다.

만일 마리아가 십자가에서 예수님을 만나야 했다면, 우리도 그래야 한다. 또한 마리아가 십자가 앞에 죄인으로 서야 했다면, 우리도 그래야 한다. 마리아가 그녀의 죄를 대신하여 죽으신 예수님을 필요로 했다면, 우리도 그러하다. 만일 그녀가 구원을 얻기 위해 예수님을 의지해야 했다면, 우리도 그래야 한다.

그렇게 십자가에서 예수님을 만나면, 놀라운 일이 일어난다. 바로 하나님 가족의 일원이 되는 것이다. 마리아가 그렇게 되었다. 예수님께서 승천하신 후에, 첫 그리스도인들은 감람산에 위치한 어느 집 다락방에 모여 기도하고 있었다. 성경은 그곳에 있던 몇몇 제자들의 이름을 언급하고서 이렇게 전한다.

> "여자들과 예수의 어머니 마리아와 예수의 아우들과 더불어 마음을 같이하여 오로지 기도에 힘쓰더라"(행 1:14).

이는 마리아의 새 가족을 보여 주는 스냅 사진이다. 그녀는 그리스도 안에서 형제자매 된 자들과 함께 있었으며, 예수 그리스도 안에서 함께 누리는 구원으로 인해 하나님을 찬양했다. 옛 가족의 끈은 끊어졌으나, 예수님은 새 가족의 끈을 마련해 주셨다.

우리도 그 가족에 속할 수 있다. 만일 마리아처럼 십자가에서 예수님을 만나고 자신이 죄인임을 시인하며 우리 죄를 대신하여 십자가에서 죽으신 예수님을 의지한다면, 하나님의 가족으로 환영받을 것이다. 예수님께서 베푸시는 구원을 받아들일 때, 하나님은 우리를 당신의 자녀로 맞아 주신다.

하나님의 자녀는 새로운 가족의 끈이 예전에 경험했던 것보다 훨씬 더 튼튼함을 발견한다. 가정 파탄을 겪은 사람이라면, 갈망하곤 했던 가족을 예수님 안에서 경험할 수 있다. 예수님은 이전에는 꿈도 꾸지 못했던 후원과 애정, 친밀감 그리고 기쁨을 얻도록 우리를 초청하신다. 사랑으로 강한 유대감을 지닌 가족이라도 새로운 영적 가족이 훨씬 더 튼튼한 관계를 지니고 있음을 알게 될 것이다. 그 이유는 하나님의 사랑에 의해 결합되었기 때문이다. 심지어 그 관계는 죽음에 의해서도 끊어지지 않을 것이다.

> "여자여 보소서 아들이니이다……
> 보라 네 어머니라"(요 19:26-27).

1. 예수님을 지켜보는 마리아의 심정을 생각해 보십시오. "내 아들, 나의 왕, 나의 하나님"에서 나타나는 관계의 변화는 무엇입니까?

....

....

2. 예수님께서 베푸시는 구원을 받아들이십니까? 옛 가족의 끈은 끊어졌으나, 하나님께서는 새 가족의 끈을 마련해 주셨습니다. 당신의 자녀로 맞아 주시는 그 품 안에서 회복을 이루시는 은혜를 묵상해 보십시오.

....

....

우리는 예수님 안에서 새로운 가족이 되었습니다. 새로운 가족의 끈은 이전에 경험했던 것보다 훨씬 튼튼합니다. 꿈꾸지 못했던 후원과 애정, 친밀감과 기쁨을 얻을 수 있습니다. 바로 십자가의 구원, 하나님의 사랑에 의해 결합되었기 때문입니다.

chapter 11

인간이신 예수님

필립 라이큰

"내가 목마르다"(요 19:28).

예수 그리스도는 이제 자신의 고통을 말씀하신다. 앞의 세 가지 말씀에서, 그분은 그곳에 모인 이들에게 풍성한 유산을 남겨 주셨다. 우선 핍박하는 자들을 무조건 용서하셨고, 회개한 강도에게는 낙원을 약속하셨으며 모친을 위해서는 친구의 보살핌을 구하셨다. 예수님이 십자가 위에서 하신 네 번째 말씀은 "내가 목마르다"이다. 이는 예수님이 누구이며 그분이 십자가에서 한 일이 무엇인지를 알려 준다. 그분은 자신의 죽음을 통해 사람들에게 생수를 제공하신 것이다.

예수님의 목마름

예수님은 진짜로 갈증을 느끼셨다. 부상당한 사람들은 극심한 갈증을 느끼기 마련이다. 피를 많이 흘려서 수분이 고갈되기 때문이다. 예수님의 탈수증은 극심했을 것이다.

예수님이 진짜로 갈증을 느꼈던 것은 그분이 인간이었기 때문이다. 하나님은 갈증을 느끼지 않으신다. 그분께는 결코 결핍함이 없다. 천사들도 영적 존재이므로 신체적 불편함을 느끼지 않기에 갈증도 느끼지 않는다. 이성적인 존재 중 오직 사람만이 갈증을 느낀다. 십자가에서 예수님께서 느끼셨던 갈증은 죽어 가는 '인간'의 갈증이었다. 이는 그분이 사람이셨음을 나타내는 증거이다.

성경은 예수 그리스도가 온전히 하나님이시며 또한 온전히 사람이심을 가르친다. 예수님은 사람이어야만 했다. 우리를 구원하기 위해, 우리를 대신하여 죽기 위해, 우리의 죗값을 대신 지불하기 위해 우리와 같은 인간이어야만 했던 것이다.

세상 사람들은 예수님이 인간이셨음을 이해하는 데 별 문제를 느끼지 않는다. 하나님과의 개인적인 관계를 맺지 않는 대부분의 사람들도 나사렛 예수라는 사람이 실제로 이 땅에서 살았다는 사실은 받아들인다. 예수님은 고대의 인물 중 가장 널리 알려진 분 아닌가. 예수님에 대한 신빙성 있는 역사적 증거가 많으므로 그분의 존재 자체를 거부하는 이들은 별로 없다.

오히려 그리스도인들이 예수 그리스도의 인성에 대해 난해함을 느낀다. 믿지 않는 자들이 하나님이신 예수님에 대해 의문을 표한다면, 그리스도인들은 예수님이 사람이 되셨다는 점을 망각하는 경향이 있다. 그리스도인들은 그분이 이 땅에서 사셨던 실제 사람이라는 점을, 그래서 그분도 땀과 먼지에 젖었으며 피곤해하고 허기를 느꼈다는 점을 믿기 힘들어하는 경우가 더러 있다. 이러한 이들은 하나님이 사람이 되셨다는 사실, 특히 그리스도가 십자가에서 죽으셨다는 사실을 수치스럽게 느낄 수 있다.

예수님은 목마르셨다! 우리는 목마름이 무엇인지를 안다. 육체를 지니고 있기 때문에 갈증을 느끼는 것이다. 사막에서, 오래도록 걸은 후에, 농구를 한 후에, 또는 여름의 무더위 속에서 우리는 갈증을 느낀다. 그리고 예수님은 십자가에서 목이 마르셨다. 그분은 사람이셨다.

약속된 목마름

우리는 예수님이 왜 사람이 되셔야 했는지를 알고 있다. 예수님은 우리를 구원하기 위해 우리와 같은 사람이 되셨다. 예수님이 십자가에서 느끼신 갈증은, 그분이 오래전부터 약속된 구주이심을 나타내는 것이기도 했다. 예수님께서 "내가 목마르다" 하신 것은 "성경으로 응하게 하려" 하심이었다.

예수 그리스도는 오래전부터 선지자들을 통해 예언된 구세주였다. 그분은 하나님이 구약성경에 제시하셨던 메시아에 관한 예언을 모두 갖추고 성취하셨다. 구약성경을 더 많이 읽을수록, 예수님을 더 많이 알아갈수록, 그분이 하나님에 의해 약속된 구세주라는 사실을 또렷이 알 수 있다.

구약성경은 구주가 가까운 친구에게 배신당하실 것을 예고했는데(시 41:9), 실제로 그분은 제자들 중 한 명에게 배신당하셨다(마 26:48-49). 또한 구약성경은 구주가 온전히 결백함을 예고했는데, 본디오 빌라도는 예수님에게 사형 선고를 내리며 "나는 그에게서 아무 죄도 찾지 못하였노라"(요 18:38)라고 말했다.

구주께서 조롱당하실 것을 예고한 시편 22편 7-8절 말씀대로 예수님은 눈이 가려진 채 모욕과 매질을 당하고 가시 면류관을 쓰셨다(막 15:16-20). 그리고 구주께서 죄인으로 간주되실 것이라고 하신 이사야 53장 12절의 말씀대로 예수님은 두 명의 죄수들과 함께 십자가에 달리셨다(눅 23:32-33).

또한 시편 22편 16절의 말씀에서 예고한 대로 예수님이 십자가에 달리실 때 그 손과 발에는 대못이 박혔다. 그뿐만 아니라 구약성경은 시편 22편 18절의 말씀에서 악인들이 구주의 옷을 두고 제비뽑기를 할 것임을 예고했는데, 누가복음 23장 34절의 말씀은 예수님을 못 박았던 군병들이 그분의 옷을 제비뽑기로 나눠 가졌다고 기록하고 있다.

구약성경은 구주께서 하나님으로부터 버림받고(시 22:1) 그 뼈가 꺾이지 않으며(시 34:20), 또한 부자의 무덤에 묻히실 것(사 53:9) 또한 예고했는데, 이 모든 일들이 이루어졌다. 예수님은 "나의 하나님, 나의 하나님, 어찌하여 나를 버리셨나이까"(마 27:46) 하며 외치셨고, 창이 예수님의 옆구리를 찔렀으나, 그 뼈는 부러지지 않았으며(요 19:31-36), 예수님은 아리마대의 요셉이라는 부자의 동산 묘지에 묻히셨다(마 27:57-60). 이 모든 일은 예수님이 이 땅에 오시기 수 세기 전에 예언되었고, 그분의 고난과 죽으심을 통해 모두 성취되었다. 이러한 예언을 통해 예수 그리스도의 유일무이한 정체성을 확신할 수 있다.

이뿐만 아니라 구약성경에는 구주의 목마름에 관한 예언도 있다. 다윗은 시편 22편에서 이렇게 말했다.

> "나는 물 같이 쏟아졌으며……내 마음은 밀랍 같아서 내 속에서 녹았으며 내 힘이 말라 질그릇 조각 같고 내 혀가 입천장에 붙었나이다 주께서 또 나를 죽음의 진토 속에 두셨나이다"(시 22:14-15).

이 내용 역시 성취되었다. 예수님은 마치 물처럼 쏟아지셨고, 그분의 힘은 질그릇 조각처럼 말라 버렸으며, 그분의 혀는 입천장에 붙었다. 예수님은 오로지 "내가 목마르다"는 말씀만 하실 수 있었다. 그것은 성경에 예언된 죽음의 갈증이었다. 예수 그리스도는 사망의 진토에 놓였고 거기서 극한의 갈증을 느끼셨다.

목마른 구주께 건네진 마실 것에 관한 예언도 있다. 요한은 당시의 상황을 이렇게 기록했다.

"거기 신 포도주가 가득히 담긴 그릇이 있는지라 사람들이 신 포도주를 적신 해면을 우슬초에 매어 예수의 입에 대니"(요 19:29).

다윗은 시편 69편에서 주의 종이 대적들에게 어떤 조롱과 모욕과 수치를 당하는지를 토로한 후 다음과 같이 말했다.

"목마를 때에는 초를 마시게 하였사오니"(시 69:21).

이처럼 작은 부분에 이르기까지, 십자가 처형은 메시아에 관한 예언의 성취였다. 이 모든 일들은 성경이 사실임을 그리고 예수 그리스도께서 구세주이심을 입증한다.

예수님도 그 점을 염두에 두셨다. 그분은 의도적으로 구약성경을 성취하셨다. 예수님께서 목마르다고 말씀하신 이유에 대해, 요한은 성경으로 응하게 하려 하심이라고 설명한다. 예수 그리스도의 고난과 죽음에서 성취된 약속들을 보면, 그 일들 대부분이 그분의 의도에 따라 일어난 것이 아님을 알 수 있다. 그분은 자신을 배신하지 않으셨다. 자신을 거짓으로 고발하지 않으셨다. 자신을 조롱하거나 자신의 손발에 못을 박지도 않으셨다. 그분은 자기 옷을 제비뽑기로 나누거나 자신의 뼈가 부러지지 않게 하지 않으셨으며, 자신을 부자의 무덤에 묻지 않으셨다. 그 모든 것은 하나님의 계획을 성취하기 위해 다른 사람들이 예수님께 행한 일들이었다.

하지만 예수님은 "내가 목마르다"라고 친히 말씀하셨다. 그분은 자신이 구세주임을 알고 계셨다. 그래서 구세주에 관해 성경이 예언한 대로 목마름을 호소하고 신 포도주를 요청하셨다. 갈증을 호소함으로써 자신의 고난이 죄인들을 구원하기 위해 구세주가 당해야 했던 고난임을 분명히 하셨다.

해소된 목마름

"태양의 제국"(The Empire of the Sun)이라는 영화에는 치명적인 갈증을 생생하게 묘사하는 장면이 나온다. 제2차 세계대전 당시 중국에 거주하고 있던 어느 부유한 영국인의 아들은 피난 중에 가족을 잃어버렸고 어느 누구에게도 보살핌을 받지 못했다. 그 소년은 집으로 돌아가 남은 음식으로 한동안 버텼지만 음식이 다

떨어지자 심한 갈증에 시달리게 되었다. 심지어 집안 수영장까지 말라 버린 상태였다. 소년은 부엌으로 들어가서 남은 음식이라면 무엇이든 바닥까지 핥아 먹었다.

이 소년의 모습은 이 세상을 살아가며 갈증을 느끼는 우리의 모습과 같다. 우리는 목마른 사람들이다. 무엇인가를 갈망하며, 영혼의 갈증을 풀어 줄 무언가를 찾아다닌다. 물질적인 것들이 자신의 갈증을 해소해 줄 것이라고 생각해 각종 물건을 구입해 쌓아 두지만 여전히 목마르다. 육체적 사랑이 자신의 갈증을 해소해 줄 거라고 생각해 이리저리 곁눈질하며 정욕을 추구하지만 여전히 갈증은 풀리지 않는다. 성공이 갈증을 풀어 줄 거라고 생각해 다른 사람을 짓밟고서라도 성공을 추구하지만 갈증은 여전하다. 이 모든 것들은 소금물과 같다. 갈증을 풀어 줄 것처럼 보이지만, 예전보다 더 심한 갈증에 빠져들게 만든다.

어떤 이들은 영원히 갈증에 시달릴 것이다. 예수님은 죽어서 지옥으로 간 부자에 관해 말씀하셨다(눅 16:19-31). 그는 너무 심한 갈증에 누군가가 "손가락 끝에 물을 찍어" 자신의 혀를 적셔주기를 간청했다. 물 한 방울에 자신의 영혼이라도 팔 것 같았다.

예수 그리스도가 십자가 위에서 겪으신 갈증이 그런 것이었다. 그분은 우리를 위해 지옥 불을 끄려고 지옥의 갈증과 사망의 갈증을 견디셨다. 청교도인 매튜 헨리는 이렇게 설명했다.

혀를 서늘하게 해 줄 한 방울의 물을 간구하는 부자에게서 볼 수 있듯이, 지옥의 고통을 대표하는 것은 극심한 갈증이다. 만일 그리스도가 십자가 고난을 당하지 않으셨다면, 우리 모두가 그 영원한 갈증으로 고통당했을 것이다.[35]

예수 그리스도께서 우리를 대신해 목마름을 겪으셨기 때문에 우리는 더 이상 갈증에 시달리지 않아도 된다. 우리가 이생에서 진정으로 갈급해야 하는 건 물질도, 육체적 사랑도, 성공도, 심지어는 물도 아니다. 우리가 갈급해야 하는 것은 바로 그리스도와의 개인적인 관계이다. 그분의 말씀에 귀 기울이라.

"누구든지 목마르거든 내게로 와서 마시라 나를 믿는 자는 성경에 이름과 같이 그 배에서 생수의 강이 흘러나오리라"(요 7:37-38).

주님께서 우리에게 주시는 이 생수는 풍족한 유산이다. 만일 심령 속에 이 세상 것으로는 결코 해소할 수 없는 어떤 갈증이 있다면, 예수님의 초청에 귀를 기울이라. 목마른 자는 "누구든지" 오라고 하신다. 그분을 믿는 자는 누구든지 영원한 샘에서 생수

---

[35] Matthew Henry, *Commentary on the Whole Bible*, vol. 5, *Matthew to John* (New York: Fleming H. Revell, n.d.), p. 1200.

를 마실 수 있다. 목마르신 그리스도를 십자가에서 만나라. 그러면 당신의 영혼이 다시는 목마르지 않을 것이다. 호라티우스 보나르(Horatius Bonar)는 이 같은 발견의 기쁨을 알고서 다음과 같이 이야기했다.

"보라. 내가 생수를 거저 주노라. 목마른 자는 와서 마시고
생명을 얻으라"는 예수님의 음성을 나는 들었다.
나는 예수님께로 가서 생명 시내에서 물을 마셨다.
나의 갈증은 사라졌고, 내 영혼은 소생되었으며,
또한 이제 나는 그분 안에서 살아간다.

"내가 목마르다"(요 19:28).

1. 당신에게 해소되지 않는 갈증이 있습니까? 그것은 무엇입니까?

_____

_____

2. 예수님은 사람이셨습니다. 우리를 대신하여 죽기 위해, 성경의 말씀을 온전히 성취하시기 위해 우리와 같은 인간이어야만 했던 예수님의 목마름을 묵상해 보십시오.

_____

_____

예수님께서 우리를 대신해 이미 목마름을 겪으셨기에, 우리는 더 이상 세상의 갈증에 시달리지 않아도 됩니다. 이제는 오직 예수님과의 개인적인 관계만을 갈급해 하십시오. 예수님께로 가서 영원한 생수를 마시십시오. 우리의 영혼이 다시는 목마르지 않을 것입니다.

chapter 11 인간이신 예수님

chapter 12

버림받았으나, 버림받지 않으신

필립 라이큰

"나의 하나님, 나의 하나님,
어찌하여 나를 버리셨나이까"(마 27:46).

하나님께 버림받았다고 느껴본 적이 있는가?

조너선 코졸(Jonathan Kozol)은 『라헬과 그 자녀들』(*Rachel and Her Children*)이라는 책에서 하나님이 없는 것 같은 세상을 살아가면서 하나님께 버림받았다고 느끼는 것이 어떠한지에 대해서 다루었다. 그 책에는, 집 없는 엄마들과 그 자녀들의 인터뷰 내용이 들어 있다. 인터뷰 중 뉴욕의 누추한 노숙인 숙소에서 여러 해 동안 기거했던 한 여성이 자신의 신앙에 대한 속마음을 이렇게 털어놓았다.

나는 기도하지 않는다. 무엇을 위해 기도한단 말인가? 나는 평생 기도해 왔지만 아직도 여기 있다. 이 숙소에 왔을 때만 해도 하나님을 믿었기에 "하나님이 우리를 도우시고 살려 주실 거야"라고 말했다. 그러나 지금 나는 믿음을 잃었다. 소망도 잃었다. 모든 것을 잃었다. 그 누구도, 하나님과 예수님조차도 우리를 돕지 않을 것이다. 물론 하나님의 존재와 그분이 나를 용서하셨음을 나는 믿는다. 하지만 우리의 이런 모습을 보시는 하나님은 과연 어디에 계신가? 그분은 어디로 가셨단 말인가?[36]

버림받은 아들

예수님도 십자가에서 같은 질문을 하셨다. 신성 모독적인 표현을 사용하진 않으셨으나 '당신은 어디로 가셨습니까? 왜 나를 이처럼 죽게 버려두십니까?' 하는 마음이 그분의 탄식에 들어 있었다.

큰 소리로 부르짖는 건 십자가에 못 박힌 사람들의 전형적인 모습이었다. 혹자는 "분노와 고통의 비명 소리와 거친 저주 그리고 형언할 수 없는 절망감의 분출" 때문에 십자가 처형이 특히나 섬뜩하다고 했다.[37]

---

36   Jonathan Kozol, *Rachel and Her Children: Homeless Families in America* (New York: Crown, 1988), pp. 67, 69.

37   J. Blinzler, *The Trial of Jesus* (Westminster, Md.: Newman, 1959), p. 261.

그러나 예수님의 외침은 그런 외침이 아니었다. 그것은 격분의 부르짖음이나 거친 저주 또는 형언할 수 없는 좌절감의 표출도 아니었다.

예수 그리스도의 부르짖음이 다른 이유는 예수님이 소망을 전혀 잃지 않으셨기 때문이다. 예수님은 유일하게 여기서 자신의 아버지를 "하나님"이라고 불렀다. 극심한 고통 속에서도, 예수님은 여전히 기도하셨다. "'나의' 하나님, '나의' 하나님"이라고 개인적으로 부르며 아버지께 고하셨다.

예수님의 크나큰 부르짖음은 극도의 소외와 포기에서 나오긴 했지만 그것은 질문이었을 뿐이다. 그 외침은 하나님께 버림받았다고 느끼는 사람의, 사망의 캄캄한 심연 속으로 들어가려 하는 사람의 부르짖음이었다.

십자가 위에서 예수님이 부르짖으신 질문은 약 천 년 전에 다윗 왕이 던졌던 질문이기도 하다. 이것은 시편 22편에서 볼 수 있다.

"내 하나님이여 내 하나님이여 어찌 나를 버리셨나이까 어찌 나를 멀리 하여 돕지 아니하시오며 내 신음 소리를 듣지 아니하시나이까 내 하나님이여 내가 낮에도 부르짖고 밤에도 잠잠하지 아니하오나 응답하지 아니하시나이다"(시 22:1-2).

하나님의 아들은 이 질문을 십자가 위에서 되풀이하셨지만 아무런 대답을 들을 수 없었다. 엘리야나 하나님이 예수님을 구하러 오는 일은 일어나지 않았다. 질문에 대한 응답은 단지 침묵과 어둠뿐이었다. 하나님으로부터 버림받음을 뜻하는 침묵과 하나님의 심판을 뜻하는 어둠이었다.

예수님이 죽음을 원치 않으셨다는 점은 놀라운 사실이 아니다. 십자가에서 버림받으시는 성자 하나님을 보면서, 우리는 십자가 처형을 앞두고 그분이 공포에 떨었던 이유를 이해한다.

"예수님도 죽음을 원치 않으셨다." 이것은 필라델피아 제10장로교회에서 사순절 설교를 처음 할 때 내걸었던 홍보 문구이다. 이 문구는 많은 관심과 논쟁을 불러일으켜 인근의 다른 교회들과 행인들로부터 걸려 온 전화를 받았으며 일간지 「필라델피아 인콰이어러」(*Philadelphia Inquirer*)도 관심을 표했다.

우리가 내건 홍보 문구의 말은 사실이다. 예수님은 아버지의 뜻에 순종하셨고 성도를 위한 사랑 때문에 기꺼이 죽음을 받아들이셨다. 하지만 그분은 죽음을 원치 않으셨다. 예수님은 죽기 전날 밤에 영혼의 캄캄한 밤을 경험하셨다. 그날 밤 어찌나 심한 고뇌에 빠졌던지 이마에서 핏방울 같은 땀이 흐를 정도로 간절한 기도를 드렸다(눅 22:44). 성자 하나님은 가능하다면 십자가 처형을 모면하게 해달라고 성부 하나님께 기도드렸다(눅 22:42).

십자가 위에서의 부르짖음을 떠올리면, 우리는 왜 예수님이 그런 기도를 드리셨는지 이해할 수 있다. 십자가에서 버림받으시는 예수님을 묵상하면, 우리는 왜 그분이 죽음을 원치 않으셨는지 이해할 수 있다. 십자가 처형은 예수님이 두려워했던 것만큼 무시무시했다. 육체적 고통으로 인한 공포는 아버지께 버림받았다는 심리적 고통 때문에 배가되었다. 분명 예수님은 그렇게 될 것을 알고 계셨다. 분명 그분은 십자가 처형으로 인해 영원부터 아버지와 누렸던 친교가 깨질 것임을 알고 계셨다.

선거에 출마하는 후보자들은 유권자들의 고통에 동감한다는 말을 자주 하는데 그들의 말은 진심이 아닌 경우가 허다하다. 그러나 예수님은 우리의 고통을 직접 느끼셨다. 우리는 하나님이 왜 악을 허용하시는지에 대해 의아해할 수도 있다. 하나님께서 왜 어린아이들이 무참히 살해되는 것을 허용하시는지, 혹은 우리의 삶에서 발생하는 여러 비극들을 왜 허용하시는지에 대해 의구심을 가질 수도 있다. 그러나 하나님이 우리의 고통에 공감하신다는 사실은 의심하지 말라. 예수 그리스도께서 십자가에 못 박히실 때, 그분은 극한의 육체적 고통을 당하셨다. 그것은 심한 고통 중에 서서히 죽어 가는 고통이었다. 또한 십자가에 달렸을 때, 그분은 절대적인 영적 고통, 즉 하나님으로부터 버림받는다는 것에 대한 고통을 당하셨다.

예수님께서 당하신 고통은 그 어떤 사람이 겪은 것보다 더 심한 고통이었다. 육체적으로 예수님보다 더 큰 고통을 당한 사람이 있을 수도 있다. 그러나 그분처럼 무죄한 사람은 없다. 예수님이 이 땅에 오기 전에 천상에서 아버지와 함께 누리셨던 것과 같은 친교를 경험한 사람은 아무도 없다. 따라서 예수님이 아버지로부터 버림받았을 때 느끼셨던 것 같은 충격을 경험해 본 사람은 아무도 없다.

우리가 십자가에서 만나는 예수님은 우리의 고통에 충분히 공감하실 수 있는 분이다. 그분은 우리의 고통보다 훨씬 더한 고통을 당하셨다. 우리가 십자가에서 만나는 예수님은 전적으로 버림받는 것이 무엇인지를 아시는 분이다.

저주받은 죄

십자가에 못 박히신 예수님은 단지 버림당했다고 느끼기만 하신 것이 아니라, 실제로 그분은 버림을 당하셨다. "어찌하여 나를 버리셨나이까?"라는 처절한 질문은 직접 겪고 있는 경험에서 비롯되었다.

하나님 아버지와의 친밀한 관계가 무너지자, 예수 그리스도는 자신이 버림받았음을 아셨다. 그렇다면 왜 그런 일이 일어났을까? 성부 하나님은 왜 성자 하나님을 십자가에서 버리셨을까?

우리는 이를 제대로 이해하지도 설명하지도 못한다. 위대한 신학자 마르틴 루터(Martin Luther)는 "하나님에 의해 버림당하신 하나님, 누가 그것을 이해할 수 있을까?"라고 했다. 예수님마저 그것을 온전히 이해하실 수 없었다면, 우리가 이해하지 못하는 것은 당연하다.

하지만 적어도 우리는 그 일이 예수님께서 십자가 위에서 하신 일과 연관이 있다고 말할 수 있다. 예수님이 십자가에서 하신 일은 죄를 짊어지고 옮기는 것이었다. 자신의 어깨로 세상 죄를 지셨다. 마치 하나님이 성도들의 모든 죄를 거대한 양동이에 담아서 예수 그리스도의 어깨에 털썩 얹어 두신 것과 같았다.

"우리는 다 양 같아서 그릇 행하여 각기 제 길로 갔거늘 여호와께서는 우리 모두의 죄악을 그에게 담당시키셨도다"(사 53:6).

"하나님이 죄를 알지도 못하신 이를 우리를 대신하여 죄로 삼으신 것은"(고후 5:21).

죄를 아들의 어깨에 지우신 후에, 성부 하나님은 그 모든 죄를 내버리셔야 했다. 예수님이 십자가에서 우리 죄를 짊어지셨을 때, 성부 하나님은 그 죄나 당신의 아들을 계속 바라보고 계실 수 없었다. 눈을 가리고 등을 돌리셔야 했다. 그분은 그 죄를 정죄하고 거부하며 저주하셔야 했다. 그리스도께서는 우리 죄를 옮기실 때 "우리를 위하여 저주를 받은 바"(갈 3:13) 되셨다. "나무에 달린 자마다 저주 아래에 있는 자"(갈 3:13)라 하였기 때문이다. 예수 그리스도께서는 우리 죄를 짊어지실 때 우리를 대신하여 저주가 되셨다. 그리고 우리를 대신하여 저주가 되자 하나님의 저주를 받으셨다. 하나님이 버리신 것은 당신의 아들이 아니라 그 아들이 짊어진 죄였다.

만일 하나님께서 죄를 어떻게 생각하시는지 그리고 그것을 어떻게 하시는지를 알고 싶다면, 십자가에서 거부와 버림을 당하신 예수님을 보라. 하나님의 진노와 저주는 죄에 가해짐이 마땅한 저주였다. 죄로 인한 저주와 죽음, 그것은 죄인들에게 가해짐이 마땅했다. 이 사실은 죄인인 우리의 마음속에 두려움을 일으킨다. 만일 하나님이 다른 사람들의 죄로 인하여 자신의 아들을 버리셨다면, 우리의 죄로 인하여 우리를 버리시지 않겠는가?

버림당하지 않는 죄인

하나님의 아들이 십자가에서 버림당하신 것은 두려운 일이지만, 회개하는 죄인들에게는 복된 소식이다. 그것이 복음인 까닭은 우리가 십자가에서 만나는 예수 그리스도는 인생의 모든 비극을 철저히 경험하신 분이기 때문이다. 육체적인 고통과 영적인 버림받음을 그 자신이 직접 경험했기 때문에, 예수님은 우리의 고통에 깊이 공감하신다.

하나님의 아들이 십자가에서 버림당하신 것이 복음인 또 하나의 이유는, 이것이 하나님의 자녀가 결코 버림받지 않을 것임을 뜻하기 때문이다. 하나님의 아들이 십자가에서 버림받으셨다. 죄도 십자가에서 버림당했다. 하지만 회개하는 죄인은 결코 버림받지 않을 것이다. 우리는 버림받을 필요가 없다. 예수 그리스도의 사람들은 그분이 십자가에서 받으신 저주와 고통을 거칠 필요가 없다. 예수님께서 자신의 사람들을 대신해서 그 모든 것을 십자가에서 대신하셨기 때문이다. 예수님이 십자가에서 목마르셨으므로 우리는 하나님을 향한 갈증에 시달리지 않아도 된다. 예수님께서 하나님께 버림받으셨으므로 우리는 버림받지 않아도 된다.

예수님께서 아버지로부터 완전히 버림받으시진 않았다는 사실에 강력한 소망이 있다. 그분은 우리의 죄 때문에 하나님으로부터 분리되고 소외당해 고통으로 부르짖으셨다. 그리고 마침내 십자가에서 버림받으셨지만 그분이 영원히 버림받으신 것은 아니다. 십자가에서 예수님은 "아버지 내 영혼을 아버지 손에 부탁하나이다"(눅 23:46)라고 기도하셨다. 아버지와 아들 간의 끈이

다시 이어졌다. 아들이 말하고 아버지가 대답하셨다. 아들이 죽자 성부 하나님이 그 영혼을 받으셨다. 하나님은 예수님을 무덤에서 썩게 하지 않으시고, 사흘째 되던 날 다시 살리셨다. 예수님은 비록 우리의 죄 때문에 버림받으셨으나 영원히 버림받진 않으셨다.

우리도 버림받지 않을 것이다. 만일 우리가 십자가로 나아가 예수 그리스도를 만나면, 그분은 우리를 버리지 않으실 것이다. 만일 우리가 우리 죄를 대신하신 그리스도의 희생을 받아들이고 그 죄를 예수님의 어깨에 내맡기면, 하나님은 우리를 버리지 않으실 것이다.

예수님은 당신께로 나아가는 모든 이들이 결코 버림받지 않을 것이라고 약속하신다. 예수님이 "나의 하나님, 나의 하나님, 어찌하여 나를 버리셨나이까?" 하고 먼저 부르짖으셨기에 그분께 속한 이들은 그런 말을 하지 않아도 된다. 예수님을 따르는 모든 이들에게 하시는 그분의 말씀에 귀 기울이라. 비록 이 세상에서는 집 없는 자처럼 느껴지더라도 하나님 안에서 우리는 언제나 집을 소유할 것이다.

"너희는 마음에 근심하지 말라……내 아버지 집에 거할 곳이 많도다……내가 너희를 위하여 거처를 예비하러 가노니 가서 너희를 위하여 거처를 예비하면 내가 다시 와서 너희를 내게로 영접하여 나 있는 곳에 너희도 있게 하리라"(요 14:1-3).

"내가 너희를 고아와 같이 버려두지 아니하고 너희에게로 오리라" (요 14:18).

"나의 하나님, 나의 하나님, 어찌하여 나를 버리셨나이까"(마 27:46).

1. 예수님은 십자가에서 거부와 버림을 당하셨습니다. 하나님의 진노와 저주를 받으셨습니다. 그 이유는 무엇입니까?

....

....

2. 예수님은 버림받으셨습니다. 그러나 영원히 버림받진 않으셨습니다. 우리의 죄를 사하기 위해 십자가에 달려 죽으셨지만, 성부 하나님이 다시 살리셨습니다. 우리의 고통에 공감하시는 예수님과 다시 살리시는 하나님께로부터 오는 소망을 묵상해 보십시오.

....

....

어둠과 고난을 만날 때에도 우리는 절망하지 않을 수 있습니다. 더는 버림받을 필요가 없기 때문입니다. 예수님은 당신께로 나아오는 모든 이들을 버려두지 않을 것이라고 약속하셨습니다. 그분의 말씀에 귀를 기울이십시오. 강력한 소망을 붙잡으십시오. 집 없는 자처럼 느껴지더라도, 우리는 언제나 집을 소유할 것입니다.

chapter 13

완수된 사명

필립 라이큰

"다 이루었다"(요 19:30).

하던 일을 마무리하지 못한 채 남겨 둔 경험이 있는가? 아마도 그럴 경우 우리의 생각은 끝내지 못한 일들에 온통 사로잡혀 있을 것이다. 반쯤 읽다가 서가에 꽂아 놓은 책, 반쯤 먹고 냉장고에 넣어 둔 음식, 치우다 만 세탁물 그리고 한동안 취미 생활로 만지작거리다 쓰레기 더미처럼 쌓아 둔 모형 비행기나 퀼트, 운동 기구 등이 좋은 예일 듯하다.

예수 그리스도는 자신의 위대한 사명을 남겨 두지 않으셨다. 그는 그것을 완료하셨다. 자신의 사명을 완수하셨다. 죽음이 임박했을 때 예수님은 신 포도주를 받은 후에 "다 이루었다"라고 말씀하셨다. 그리고 돌아가셨다.

"다 이루었다"에 해당하는 신약성경의 헬라어는 단 한 단어이다. 19세기의 위대한 설교가 찰스 스펄전(Charles H. Spurgeon)은 이렇게 말했다.

> 이 한마디 말씀 속에 모든 내용이 다 들어 있다. 그것은 가히 측량할 수 없는 말씀이다. 너무 높아서 나로서는 거기에 도달할 수 없다. 너무 깊어서 헤아릴 수 없는 말씀이다.[38]

완전히 끝난 고난

그렇다면 예수님은 어떤 뜻으로 "다 이루었다"라고 말씀하셨을까? 우선 이 땅에서의 고난을 마감했다는 뜻을 내포하고 있다. 예수 그리스도는 시종일관 고난의 삶을 사셨다. 천상의 궁전을 떠나온 순간부터 십자가에서 흑암에 묻히는 순간까지 그분은 고난을 당하셨다.

예수님은 "자기를 비워 종의 형체를 가지사 사람들과 같이"(빌 2:7) 되셨다. 우리가 이미 알고 있듯 그분은 가난한 가정의 자녀

---

[38] Charles Haddon Spurgeon, "Christ's Dying Word for His Church," *Sermons on the Gospel of John* (Grand Rapids, MI: Zondervan, 1966), p. 170.

로 마구간에서 태어났다. 구유가 그분의 침대였고, 짚은 그분의 베개였다. 하지만 이제 그 모든 것이 완전히 끝났다.

예수님은 자기 땅에 오셨으나 그분의 백성은 그분을 영접하지 않았다(요 1:11). 예수님이 고향에서 설교를 시작하자, 이웃 사람들은 그분을 돌로 위협하며 마을에서 쫓아냈다. 혈육들마저 그분이 하나님의 아들이심을 믿지 않았다. 예수님은 머리 둘 곳도 없었다. 사람들은 그분의 이적을 항상 믿지 않았고, 그분의 가르침에 항상 순종하지 않았으며, 또한 그분의 주장을 항상 받아들이지는 않았다. 하지만 그 모든 것이 이제 완전히 끝났다.

예수님은 멸시를 받아 사람들에게 버림 받으셨다(사 53:3). 제사장들과 정치인들이 그분을 대적했다. 유대 왕은 무력으로 예수님을 핍박하여 애굽으로 피신하게 만들었고, 종교 지도자들은 그분을 죽이기 위해 거짓으로 모함했다. 예수님의 가까운 친구들조차 그를 배신했다. 제자들 중 가장 믿을 만했던 베드로는 세 차례나 예수님을 부인했으며 저주하기까지 했다. 가까운 제자였던 가룟 유다는 은 삼십에 예수님을 배신했다. 하지만 그 모든 것이 이제 완전히 끝났다.

예수님은 "간고를 많이 겪었으며 질고를 아는 자"(사 53:3)였다. 그분은 병사들과 죄수들에게 조롱당하셨다. 그들은 그분의 머리에 가시관을 씌우고 매질하며 모욕한 후에 십자가에 못 박았다.

그리고 또다시 조롱했다. 예수님은 심한 갈증을 느꼈으며 극심한 고뇌를 겪었다. 십자가 위에서 아버지로부터 버림받았다. 하지만 이제 그 모든 것이 완전히 끝났다. 다시는 그 누구도 예수님께 가시관을 씌우거나 그분을 십자가에 매달지 않을 것이다. 왜냐하면 그리스도께서 자신의 고난을 완전히 끝냈기 때문이다.

완전히 끝난 사역

예수님께서 끝낸 것은 그뿐만이 아니다. 만일 예수님이 십자가 위에서 완료하신 것이 고난뿐이었다면, 그분의 삶은 비극적인 허비에 지나지 않았을 것이며, 그분의 죽음은 다른 여느 죽음과 다르지 않았을 것이다.

살라딘(Saladin)의 비극적인 죽음에 대해 생각해 보라. 살라딘은 12세기 이집트의 술탄이자 군사 지도자로서 제3차 십자군 전쟁 때 십자군들을 격파했다. 죽음이 임박했다는 것을 알았을 때 술탄은 기수더러 자신의 수의를 창끝에 매달아 진영을 두루 다니라고 지시했다. 그리고 모든 정복과 승리 후에 남은 건 자신의 시신을 감쌀 흰 수의뿐이라고 말하라고 명했다.[39]

이렇듯 살라딘이 생을 마감했을 때 보여 줄 건 수의뿐이었다.

---

[39] Thomas Boston, *Human Nature in Its Fourfold State* (Edinburgh: Banner of Truth, 1964), p. 331.

그러나 예수 그리스도에게는 자신의 삶과 죽음을 통해 보여 줄 것이 있었다. 그분의 죽음은 단순한 삶의 끝이 아니라 사명 완수였다. "다 이루었다"는 말씀은 자신의 임무와 과업을 완수하셨다는 선언이었다. 그분이 완료한 것은 죄로 인한 고난이었다. 하지만 그것은 비극적인 고난이 아니라 구원의 고난이었다.

예수님이 십자가에서 죽으시기 전에 인류는 죄에 속박된 상태였다. 죄의 종으로 팔린 우리는 죽어 마땅했다. 우리를 구속하여 죄와 사망으로부터 건지기 위해서는 대가가 필요했다. 하지만 구속의 대가는 완전한 희생 제사로, 우리가 지불할 수 없는 것이었다. "다 이루었다"는 말씀은 그 대가를 온전히 지불하셨음을 뜻한다. 그리스도는 우리를 위해 죽으셨고, 자신을 무죄한 희생 제물로 드려 죗값을 지불함으로써 우리의 자유를 되사셨다.

"다 이루었다"는 말은 헬라인들의 재정적 계약에서도 사용되었는데 판매원은 영수증에 이 말을 써서 "완불"을 표현했다. 구매한 상품에 대해 더 지불할 금액이 없음을 표시한 것이다.

"이루었다"는 예수님이 십자가에서 행하신 일을 표현하는 말로, 예수님은 십자가에서 죗값을 온전히 지불하셨다. 죄로부터 우리를 구속하시는 사역은 완전하고 최종적이었다. 예수님은 모든 고난을 당하셨고, 그 모든 일을 하심으로써 모든 것을 완료하셨다. 온전한 속죄를 이루셨다. 예수님을 의뢰하는 자들은 죄로부터 다시 사는 은혜를 입게 된 것이다. 그들에게는 빚이 없다. 구원을 위해 더 이상 무언가를 지불할 필요가 없게 되었다.

"다 이루었다"는 말씀은 안도의 한숨이나 체념의 신음이 아니라 승리의 선언이었다. 기쁨과 승리의 탄성, 환희의 탄성이었다. "내가 마침내 해냈다!"는 외침이었다. 예수 그리스도는 십자가에서 중차대한 사명을 완수하셨다.

물론, 예수님께서 하셔야 할 일이 한두 가지 더 남은 상태이긴 했다. 그분은 무덤에 묻힌 후 다시 살아나 승천하셔야 했다. 그리고 이 세상을 심판하며 당신께 속한 자들을 영원한 본향으로 데려가기 위해 재림하셔야 한다. 하지만 예수 그리스도께서 십자가에 달려 "다 이루었다"라고 하며 숨을 거두셨을 때, 그분의 사역은 이미 끝난 것이나 다름없었다. 죗값 지불을 완료하셨기 때문이다.

성경은 예수님이 자신의 사명을 완수하기 전까지 죽지 않으셨다고 전한다. 그리고 목격자인 요한은 예수님께서 머리를 숙이셨고, 그 후에 "영혼이 떠나가시니라"(요 19:30)라고 기록했다. 오직 예수님만이 자신의 영혼을 거두실 수 있었다. 다른 모든 인간들에게 죽음은 불가피한 것이다. 사람은 죽을 수밖에 없는 존재이다. 그러나 예수님은 영원하신 하나님의 아들로, 사람일 뿐만 아니라 하나님이기도 하시다. 그분의 죽음은 자발적인 제사여야 했다. 예수님의 생명은 그분에게서 거둬진 것이 아니다. 그 자신이 삶을 끝내셨다. 한번은 예수님께서 이렇게 말씀하셨다.

"내가 내 목숨을 버리는 것은 그것을 내가 다시 얻기 위함이니 이로 말미암아 아버지께서 나를 사랑하시느니라 이를 내게서 빼앗는 자가 있는 것이 아니라 내가 스스로 버리노라"(요 10:17-18).

단지 우리가 해야 할 일

예수님은 자신을 구원할 수 있었으나 그렇게 하지 않고 우리를 구원하는 길을 택하셨다.

그렇다면 우리가 감당해야 할 일은 남아 있는 것일까? 만일 예수 그리스도께서 죄 해결을 위한 고난을 완료하셨다면, 우리는 더 이상 보탤 것이 없다. 또한 예수님께서 모든 죗값을 지불하셨다면, 우리는 더 이상 지불할 것이 없다. 우리는 예수님이 끝낸 일을 자꾸 끝내려 할 필요가 없다.

월급처럼 더해지면 좋아지는 것들이 있다. 하지만 어떤 것들은 보태면 오히려 망가지기도 한다. 사람의 얼굴을 생각해 보자. 이마 중간에 코를 하나 더 붙이거나 뺨에다 귀를 하나 더 붙이면 얼굴이 나아지기는커녕 엉망이 된다. 사람의 얼굴은 있는 그대로가 최상이다. 거기다 무엇을 덧붙이면 오히려 망가진다.

혹은 필라델피아 시청 서편에 있는 로버트 인디애나(Robert Indiana)의 조각물, "필라델피아 러브"(Philadelphia LOVE)를 생각해 보라. 이것은 필라델피아가 형제애의 도시임을 나타내기 위해 L-O-V-E라는 철자들로 구성한 철제 조각물이다. 여기에 다른 철자를 덧붙인다고 해서 이 작품이 더 아름다워지거나 더 뜻깊은 메시지를 전해 주는 것은 아니다. 만약 여기에 G자를 덧붙이면 GLOVE가 되고 만다. "필라델피아 러브"는 그 자체의 모습이 가장 완벽하다.

또는 아장아장 걷는 귀여운 아이를 위해 블록으로 탑을 만든다고 생각해 보라. 당신이 멋지게 만들어 둔 탑에 그 아이가 블록 하나를 올리면, 탑 전체가 무너지고 만다. 하나를 보태려다가 오히려 망치는 것이다.

예수 그리스도의 완료된 사역이 바로 그러하다. 여기에 무엇을 더 보태는 건 그것을 망치는 행위다. 예수님이 십자가에서 지불하신 죗값에 우리가 무엇을 보탤 수는 없다. 죄의 청산을 위해 감내해야 할 징벌이나 참회, 선행 그리고 순례 여정과 같은 것은 남아 있지 않다. "다 이루었다"는 말씀은 바로 그런 뜻이다. 이 말은 그분께서 당신에게 속한 자들을 죄의 속박에서 해방시키기 위한 대가를 완벽하게 지불하셨음을 뜻한다. 따라서 자신의 죗값을 지불하려 드는 것은 예수님께서 완료하신 사역을 부인하는 것이며, 자신의 구원을 이루기 위해 무엇인가를 시도하는 것은 예수 그리스도를 거짓말쟁이로 만드는 행위다.

만일 우리가 예수 그리스도의 고난과 죽음의 은혜에 의지하지 않는다면, 우리에게는 아직 완료되지 않은 일이 남아 있게 된다. 또한 우리가 자신의 죗값을 지불하려 한다면, 그 죗값은 결코 온전히 청산될 수 없을 것이다. 그러나 우리가 십자가로 나아가 예수님을 만나면, 하나님께 진 빚을 단번에 청산할 수 있다.

우리에게 요구되는 유일한 일은 하나님께 회개하는 일과 예수님이 십자가에서 죽으심으로 우리의 죄가 온전히 사해졌음을 믿는 것이다. 그렇게 하면 우리를 위한 예수님의 사명이 성취될 것이며, "다 이루었다"는 말씀이 바로 우리 죗값을 위한 것으로 적용될 것이다.

"다 이루었다"(요 19:30).

1. 당신은 예수님께서 십자가에서 죽으심으로 우리의 죄가 완전히 사해졌음을 믿습니까?

....

....

2. 예수님은 이 땅에서의 모든 멸시와 핍박의 고난도, 말씀을 성취하는 사역도, 우리의 모든 죗값을 청산해 주시는 일도 모두 남김없이 이루셨습니다. 마침내 완수된 그 사명을 묵상해 보십시오.

....

....

예수님께서는 다 이루셨습니다. 더 이상 보탤 것이 없습니다. 그러니 이제 우리는 십자가로 나아가야 합니다. 십자가에서 진정으로 회개하고 예수님을 만날 때, 그 은혜에 의하여 믿음으로 말미암아 구원을 받을 것입니다.

chapter 14

귀향

제임스 몽고메리 보이스

"아버지 내 영혼을 아버지 손에 부탁하나이다"(눅 23:46).

설교자들은 예수님의 마지막 말씀이 삶의 모든 순간에서 그러했듯 마지막에도 자신의 상황을 온전히 제어하고 계셨음을 보여 준다는 점에 주목해 왔다. 예수님께서 마지막에 하신 말씀들은 단지 탈수나 혈액 손실, 쇼크, 극단적인 피로 또는 탈진 상태에서 하신 것이 아니기 때문이다. 그분은 자신의 영혼을 의도적으로 아버지께 맡기셨다.

누가는 예수님이 마지막 숨을 몰아쉰 것이 아니라 "큰 소리로"(눅 23:46) 이 말씀을 하셨다고 기록함으로써 이 점을 분명히 밝혔다. 요한은 예수님께서 "머리를 숙이니 영혼이 떠나가시니라"(요 19:30)라고 기록했다. 이것 역시 자발적인 죽음을 묘사한 것이다. 마태는 이 두 장면을 합쳐서 "예수께서 다시 크게 소리 지르시고 영혼이 떠나시니라"(마 27:50)고 전했다.

예수님은 평생 상황을 제어하셨다

물론 예수님은 일생 동안 상황을 제어하셨다. 나사렛 회당에서 유대인들만이 아니라 이방인들도 구원하시는 은혜로운 하나님에 관해 첫 설교를 하셨을 때, 사람들은 기분이 상하여 마을 어귀의 큰 낭떠러지에 그분을 밀쳐 죽이려 했다. 그러나 예수님은 그들 가운데로 유유히 지나가셨다(눅 4:16-30).

또한 갈릴리를 건너는 배가 거친 폭풍에 휩쓸려 전복될 위기에 처했을 때, 제자들이 도움을 요청하자 예수님은 바람을 꾸짖으신 후 폭풍을 잠잠하게 하셨다. 이처럼 폭풍까지 제어하시는 그분의 권능을 보고 군중들은 물론이고 제자들도 "그가 누구이기에 바람과 바다도 순종하는가"라며 감탄했다(막 4:41).

가장 인상적인 광경은 겟세마네 동산에서 제사장들에 의해 파송된 군병들이 예수님을 체포하러 왔을 때였다. 예수님은 그들에게 "누구를 찾느냐?" 하고 물으셨다. 그들이 "나사렛 예수라"라고 하자, 예수님은 "내가 그니라(I'm he)"라고 대답하셨다. 그

대답은 단순히 자신의 신분을 밝히신 것 그 이상이었다. "내가~이다(I'm)"는 하나님의 칭호인 '여호와'라는 뜻이기도 하다. 이 표현은 불붙은 떨기나무 앞에서 모세가 "이스라엘의 해방자로서 애굽으로 보낸 이가 누구냐?"라고 물을 때 어떻게 대답해야 하는지를 여쭈자 하나님이 친히 알려 주셨던 이름이다. 하나님은 "나는 스스로 있는 자이니라(I'm who I'm)……이스라엘 자손에게 이같이 이르기를 스스로 있는 자(I AM)가 나를 너희에게 보내셨다 하라"(출 3:14)라고 대답하셨다. 예수님도 그렇게 말씀하신 것이며 이 대답을 듣고는 그분을 잡으러 온 자들이 물러가서 땅에 엎드러졌다(요 18:6). 그들은 예수님께 다가갈 힘이 없었다. 예수님께서 "누구를 찾느냐"며 다시 물으시기 전까지 그들은 아무런 행동도 취할 수 없었다.

마지막에도 그러했다. 예수님은 마지막 순간에 자신의 영혼을 아버지의 손에 맡기셨다.

"아버지 내 영혼을 아버지 손에 부탁하나이다"(눅 23:46).

우리 중 누구도 이런 식으로 죽지 못한다. 우리는 외부적인 수단을 사용해 자살할 수는 있을지언정 예수님처럼 자신의 영혼을 떠나게 하지는 못한다.

하나님 안에는 결코 상충됨이 없다

예수님이 십자가에서 마지막으로 하신 말씀으로부터 우리가 배울 수 있는 또 한 가지는, 예수님의 죽으심에 성부, 성자, 성령 간의 갈등이 있는 것이 아니라는 점이다. "나의 하나님, 나의 하나님, 어찌하여 나를 버리셨나이까?"라는 외침은 마치 성부와 성자 간에 갈등이 있는 것처럼 보일 수 있다. 그러나 어떤 경우에도 하나님 안에는 상충됨이 없다. 사역 기간 내내 그러했듯이, 이 외침 속에도 하나님 아버지와의 친밀감이 들어 있다.

이러한 갈등을 가정하는 그릇된 대속 개념이 있는데 그 개념은 다음과 같이 설명한다. 성부는 공의의 하나님으로서 죄악 된 인생들에게 격렬한 진노를 발하시므로 그들에게 영원한 지옥 형벌을 가하려 하신다. 하지만 예수님께서 개입하여 하나님께 간청한다. "그렇게 하지 마세요. 그들을 구원해 주세요. 내가 가서 그들을 대신하여 죽겠습니다." 성령이 예수님 편을 들며 "나는 예수님이 옳다고 생각합니다. 그게 최선책입니다"라고 말하자 하나님은 이에 동의한다.

하지만 이것은 결코 진리가 아니다. 구원 계획은 세상을 창조하시기 전부터 하나님의 마음속에 확립되어 있었고, 삼위 하나님의 완벽한 협력을 통해 시간 속에서 실행되었다. 그 과정은 다음과 같다.

첫째, 성부 하나님이 성자 하나님을 구주로 보내기로 결심하셨다. 둘째, 예수님이 성육신에 의해 그리고 우리 죄를 대신하여 죽으심으로써 구주가 되셨다. 셋째, 성령이 사람들 속에 새 생명을 지으시고 구주를 믿도록 인도함으로써 예수님의 죽으심의 공효를 각 사람에게 적용하신다.

"나의 하나님, 나의 하나님, 어찌하여 나를 버리셨나이까"(마 27:46)라는 외침을 우리가 어떻게 이해하든, 어떤 일이 일어났든, 하나님이 예수님의 아버지가 아니셨던 때는 결코 없었다. 하나님이 아들을 세상에 보내어 죽게 하신 것도 예수님의 아버지로서 하신 일이며, 마지막에 예수님을 하늘로 영접하신 것도 아버지로서 하신 일이다.

무덤 너머의 삶

십자가에서 하신 예수님의 마지막 말씀으로부터 배울 수 있는 세 번째 사실은 무덤 너머에 삶이 있다는 것이다. 예수님이 자신의 영혼에 대해 하신 말씀을 보면 알 수 있다. "영혼"에 해당하는 헬라어 *pneuma*가 "호흡"(breath)을 뜻하긴 하나, 이 말씀이 숨을 내쉰 후에 죽으심을 뜻하진 않는다.

짐승들은 마지막 호흡을 끝으로 생을 마감하지만 하나님의 형상으로서 영생하도록 지음 받은 인간은 그렇지 않다. 예수님은 무(無)로 사라지는 것 같은 영혼의 죽음 또는 멸절을 암시하신 것이 아니다.

예수님은 자신의 영혼을 하나님 아버지의 손에 넘기셨는데 이는 영혼이 죽음 이후에도 사라지지 않음을 보여 준다. 다가올 다음 생이 어떠한지를 아는 것은 매우 중요하다.

당신은 다음의 생을 대비하는가? 예수님은 하늘에서 내려오셨기 때문에 하늘에 대해 잘 알고 계셨다. 그분은 자신의 영혼이 돌아갈 하늘이 있다는 것과 성도가 기거할 하늘이 있다고 가르치셨다. 또한 하나님의 법을 어기며 죄악 된 삶을 고집하는 자들을 위해 마련된 곳인 지옥에 대해서도 가르치셨다. 예수님은 자신의 생명을 속죄 제물로 바치기 위해 오셨다. 죄에서 돌이켜 자신을 유일한 구주로 믿을 것을 우리에게 촉구하신다.

그리고 "사람이 만일 온 천하를 얻고도 제 목숨을 잃으면 무엇이 유익하리요"(마 16:26)라는 예리한 질문을 던지셨다.

영혼을 주께 맡기며

예수님의 마지막 말씀의 네 번째 교훈은 그분이 죽으면서 자신의 영혼을 하나님께 맡기셨듯이 우리도 그와 같은 믿음으로 죽을 수 있다는 것이다. 우리를 대신하신 예수님의 죽음을 의지하면서 그분의 말씀을 똑같이 되풀이하며 이생을 떠날 때, 우리는 하늘에서 우리를 기다리시는 아버지의 손에 자신의 영혼을 맡길 수 있다.

모든 시대의 모든 성도들이 이런 식으로 죽었고, 예수님의 말씀을 똑같이 되뇌었던 이들도 많다. 최초의 순교자인 스데반(행 7:59), AD 156년에 86세의 나이로 순교했던 스미르나(현재 지명은 이즈미르-편집자 주)의 주교 폴리캅(Polycarp), 위대한 프로테스탄트 종교개혁자 마르틴 루터, 루터의 일관된 동역자이자 친구인 필립 멜란히톤(Philipp Melanchthon), 프라하의 제롬(Jerome), 종교개혁 한 세기 전에 자신의 믿음을 지키려다가 화형당했던 존 후스(John Hus) 등 수많은 이들이 이 말을 하며 죽었다.

1415년, 후스가 콘스탄츠 공의회에 의해 정죄당할 때, 화형 집행자였던 주교는 "이제 우리가 네 영혼을 마귀에게 맡긴다."라는 끔찍한 말을 했다. 그러자 후스는 조용히 대답했다.

"주 예수 그리스도여, 내 영혼을 주께 맡깁니다. 내 영혼을 구속하신 주께 내 영혼을 맡깁니다."

잘 죽는 법

이 본문에서 언급하고 싶은 것이 하나 더 있다. 그것은 바로 그리스도인이 죽음의 두려움 앞에서도 잘 죽을 수 있는 방법에 관한 것이다.

예수님이 말씀하신 "아버지 내 영혼을 아버지 손에 부탁하나이다"라는 말씀은 구약성경의 시편 31편에서 따온 것이다.

"내가 나의 영을 주의 손에 부탁하나이다 진리의 하나님 여호와여 나를 속량하셨나이다"(시 31:5).

이는 예수님이 십자가에서, 특히 그 마지막 순간에 무엇을 하셨는지를 보여 준다. 예수님은 성경을 생각하고 계셨다. 그분이 생각하신 성경 말씀은 시편 31편만이 아니었다. 예수님이 하셨던 "나의 하나님, 나의 하나님, 어찌하여 나를 버리셨나이까"라는 말씀은 시편 22편 1절에서 따온 것이며, "다 이루었다"라는 말씀은 "주께서 이를 행하셨다"라는 시편 22편 31절의 말씀을 따온 것이다. 그뿐만 아니라 "내가 목마르다"라는 말씀은 시편 69편 21절의 "그들이 쓸개를 나의 음식물로 주며 목마를 때에는 초를 마시게 하였사오니"라는 말씀을 성취시키신 것이다.

예수님이 십자가에서 하신 일곱 말씀 중 네 말씀이 구약성경에서 따온 것이다. 그러나 나머지 세 말씀들 즉, 군병들을 위해 하나님께 드린 말씀과 죽어가는 강도에게 그리고 자신의 모친과 요한에게 직접 하신 말씀들은 구약성경에서 따온 것이 아니다. 예수님은 입술을 꾹 다물고 참거나 상황이 나아지기를 기다리지 않으셨다. 대신 하나님의 말씀과 예언에 의도적으로 착념함으로써 자신의 심령을 강하게 하셨다. 예수님이 그러셨다면 우리도 그렇게 해야 하지 않을까? 이런 자세는 죽을 때에만 적용되는 게 아닐 것이다.

우리는 우리의 머리를 말씀으로 채우며 자신의 삶을 약속이라는 관점에서 생각해야 한다. 지금 그렇게 하지 않는데 어떻게 죽음의 순간에만 그렇게 할 수 있겠는가? 마지막 순간에 자신의 영혼을 하나님의 자애로우신 손에 맡기려면, 우리는 날마다 말씀으로 살아가며 자신의 영혼을 하나님의 손에 맡겨야 한다.

찰스 스펄전은 베갯머리에 시 한 편을 남기고 죽은 어느 늙은 여인을 소개했다. 그녀는 마지막으로 잠자리를 펴고 베개에 머리를 두기 직전에 그 시를 썼던 것으로 보인다.

예수님께서 나의 주님이시므로,
나는 육신의 옷 벗는 것 두렵지 않겠네.
이 진흙 의복을 즐거이 벗으리.
주 안에서 죽는 것은 언약의 축복이라.
예수님께서 죽음을 지나 영광에 이르도록 길을 인도하시리니.[40]

---

40   Charles Haddon Spurgeon, "The Last Words of Christ on the Cross," *Metropolitan Tabernacle Pulpit*, vol. 45 (Pasadena, Tex.: Pilgrim Publications, 1977), p. 502.

이것이 그리스도인의 소망이다. 또한 이것은 위대한 소망이다. 하지만 이 소망이 우리 것이 될 수 있었던 것은, 오직 예수 그리스도께서 모든 것을 감당하시고 우리를 대신하여 죽으셨기 때문이다.

"아버지 내 영혼을 아버지 손에 부탁하나이다"(눅 23:46).

1. 모든 상황, 심지어는 자연까지도 제어하시는 예수님의 자발적인 죽음이 당신에게는 왜 소망이 됩니까?

2. 결코 상충됨이 없는 성부, 성자, 성령의 사역으로 성도된 우리가 돌아갈 하늘, 기거할 하늘을 허락해 주시는 은혜를 묵상해 보십시오.

예수님께서 우리를 대신해 죽으심으로 우리의 영혼 또한 하나님 아버지의 손에 맡길 수 있게 되었습니다. 마지막 순간에 그분께 영혼을 맡기고 그 사랑의 품으로 들어가기 위해, 날마다 말씀으로 살아가며 우리의 모든 것을 하나님께 드려야 합니다.

part 3

부활 후 7가지 말씀

예수님은 죽은 자 가운데서 부활하신 후 승천하시기까지
사십 일 동안 제자들에게 더 많은 말씀을 전하셨다.
바로 그것이 다시 오실 예수 그리스도께서 남기신 진짜 마지막 말씀이다.

chapter 15

찾는 자를 위한 말씀

필립 라이큰

"어찌하여 울며 누구를 찾느냐"(요 20:15).

성금요일은 나사렛 예수께서 예루살렘 밖에서 로마 군병에 의해 십자가에 달리신 것을 기념하는 날이다. 흔히 목회자들은 십자가에서 예수님이 마지막으로 하신 일곱 말씀에 관해 설교한다. 그러나 이 가상칠언은 예수님의 마지막 말씀이 아니다. 예수님은 죽은 자 가운데서 부활하신 후 제자들에게 더 많은 말씀을 전하셨다. 우리는 앞으로 그리스도의 진짜 마지막 말씀들을 살펴볼 것이다.

막달라 마리아는 누구인가?

막달라 마리아는 예수님이 다시 살아나신 후 처음으로 대화를 나누었던 사람이다. 종종 마리아는 부정한 여인으로 간주되었다. 이 생각은 바벨론 탈무드에 처음 나오는데 여기서는 막달라 마리아를 동정녀 마리아와 혼동하며 그녀를 창녀로 묘사한다. 중세 시대에는 막달라 마리아 숭배가 널리 퍼졌는데 이는 야코부스 데 보라기네(Jacobus de Voragine)의 『성자들의 삶에 관한 황금전설』(The Golden Legend of the Lives of the Saints)과 같은 저서들의 영향이 컸다.

귀족 가문에서 태어난 마리아가 막달라 마리아로 불린 것은 자신의 성이 막달로(Magdalo)에 위치했기 때문이다. 그녀의 형제인 기사 나사로는 예루살렘을 그리고 그녀의 자매 마르다는 베다니 성읍을 각각 소유했다. 그녀는 한때 방탕한 생활에 빠졌다가 회심한 후 그리스도의 부활을 전하는 일에 헌신하다가 제자들과 함께 핍박을 받았다. 그리스도가 수난당하신 지 14년 후에, 그녀는 마르다, 나사로, 성 맥시민(St. Maximin)과 함께 키 없는 배에 실려 표류했으나 하나님이 그들을 안전하게 마르세유(Marseilles)로 인도하셨다. 거기서 마리아는 아름다운 외모와 우아한 설교로 사람들을 놀라게 했고, 또한 죽은 여왕을 되살리기도 했다. 후에 그녀는

30년 간 광야로 물러나서 고행의 길을 걸으며 천사들의 노래만을 먹고 살았다.[41]

분명, 보라기네의 설명은 막달라 마리아의 삶보다는 중세 유럽인의 삶을 더 많이 묘사한다. 심지어 '막달라 마리아'라는 중세 연극도 있는데, 이 연극에서 마리아는 천사에 의해 회심하기 전에 선술집에서 자신의 연인들에게 노래한다.

이런 공상적인 이야기들은 오늘날까지 영향을 미치고 있다. 니코스 카잔차키스(Nikos Kazantzakis)의 소설 『그리스도 최후의 유혹』(The Last Temptation of Christ)과 이 소설을 바탕으로 만든 마틴 스코세이지(Martin Scorsese)의 악명 높은 영화에서, 막달라는 예수님을 성적으로 유혹한다.

이 모든 이야기들은 사실을 바탕으로 하고 있지 않다는 점에서 문제가 있다. 성경은 막달라 마리아를 행실이 나쁜 여자로 언급하지 않는다. 그녀의 회심에 관한 이야기에서 그녀는 단지 "일곱 귀신이 나간 자"라고만 소개되었다(눅 8:2). 막달라 마리아에 관한 진짜 이야기는 그 어떤 설화에서보다 더 간단하고 아름답고 소중하다.

---

41 Margaret Hannay, "Mary Magdalene," *A Dictionary of Biblical Tradition in English Literature*, David Lyle Jeffrey 편저 (Grand Rapids, MI: Eerdmans, 1992), pp. 486–489.

그녀의 비통한 마음

막달라 마리아에 관한 거짓된 이야기에는 그녀가 예수님과 사랑에 빠졌다는 이야기가 거의 공통으로 등장한다. 그래서 그녀가 예수님의 무덤을 제일 먼저 찾았다는 것이다.

"안식 후 첫날 일찍이 아직 어두울 때에 막달라 마리아가 무덤에 와서"(요 20:1).

마리아가 처음 마주친 것은 무덤 입구를 막은 큰 바위가 옮겨진 광경이었다. 놀란 그녀는 예수님의 몇몇 제자들에게로 곧장 달려가서 그 사실을 알려 주었고, 제자들은 가서 빈 무덤을 확인했다(요 20:2-8). 그녀는 무덤 입구에 혼자 남아 울고 있었다.

"두 제자가 자기들의 집으로 돌아가니라 마리아는 무덤 밖에 서서 울고 있더니"(요 20:10-11).

마리아는 울면서 무덤 속을 들여다보던 중 예수님의 시신이 놓였던 곳에 앉아 있는 두 천사를 보았다. 그들은 그녀에게 "여자여 어찌하여 우느냐"(요 20:13) 하고 물었다. 마리아는 상심한 마음으로 울고 있었다. 그녀는 예수님께서 잔인하게 처형되어 급히 무덤으로 옮겨지는 것을 보았다. 자신의 생애에서 가장 소중한 벗을 잃은 셈이었다.

예수님의 죽음으로 이미 슬픔에 잠긴 터였는데 시신마저 없어져서 슬픔은 더 커졌다. 마리아는 천사들에게 비통하게 말했다.

"사람들이 내 주님을 옮겨다가 어디 두었는지 내가 알지 못함이니이다"(요 20:13).

죽음마저도 예수님을 향한 마리아의 사랑을 중단시키지 못했다. 다른 모든 것은 사라졌으나, 그 사랑은 없어지지 않았다. 다시 사신 예수님을 만났을 때, 그녀는 그분이 동산 지기인 줄로 알고서 이렇게 이야기했다.

"주여 당신이 옮겼거든 어디 두었는지 내게 이르소서 그리하면 내가 가져가리이다"(요 20:15).

마리아는 예수님의 이름을 언급조차 하지 않았다. 단지 '그분' 또는 '주'라는 호칭으로 언급할 뿐이었다. 영국 시인 리처드 크래쇼(Richard Crashaw)는 자신의 시에서 예수님을 향한 마리아의 마음을 이렇게 표현했다.

그분을, 그분을 내게 보여 주세요.

그분을 향해 내 가련한 눈물을 흘릴 수 있게 해주세요.

마리아는 예수님의 장례를 제대로 치러 드리고 싶었다. 요한복음이 아닌 다른 복음서를 보면 그녀가 시신에 뿌릴 향유를 가지고 무덤에 갔음을 알 수 있다(눅 24:1). 마리아는 예수님이 살아 계실 때와 마찬가지로 죽으신 후에도 그분께 헌신적이었다. 그분을 향한 그녀의 사랑은 감상적인 사랑이나 로맨틱한 사랑, 질투 섞인 사랑 또는 에로틱한 사랑이 아니었다. 그녀는 주님을 순전한 영적 열정으로 사랑했다. 하지만 이제 예수님은 죽으셨고, 그래서 마리아는 울었다.

"누구를 찾느냐?"

예수님은 고통 중에 있는 막달라 마리아를 만나셨다. 마리아는 깜짝 놀랐다. 천사들과 대화하는 중 그녀는 어떤 음성을 들었거나 천사들이 예수님을 향해 눈길을 옮기는 것을 보았을 것이다. 그러나 그녀는 "뒤로 돌이켜 예수께서 서 계신 것을 보았으나 예수이신 줄은 알지"(요 20:14) 못했다. 그녀가 예수님을 알아보지 못했던 이유를 성경은 밝히고 있지 않다. 아마 그녀는 슬픔에 겨워 몸을 잔뜩 숙이고 있었으므로 그분의 얼굴을 올려다보지 않앉을 것이다. 눈물 때문에 시야가 흐려졌을 수도 있다. 예수님의 외모가 부활에 의해 변했기 때문에 알아보기 힘들었을지도 모른다(눅 24:16 참조).

마리아는 예수님을 알아보진 못했으나 그분이 묻는 말을 들을 수는 있었다. 처음에 예수님은 천사들의 물음을 반복했고, 이어서 자신의 질문을 덧붙이셨다.

"여자여 어찌하여 울며 누구를 찾느냐"(요 20:15).

이는 의미심장한 물음이었다. 마리아는 누구를 찾고 있었는가? 당연히 예수님을 찾고 있었다. 그녀는 예수님의 시신을 찾아 장례를 준비하길 원했다. 하지만 시신은 없었고 그녀는 시신이 어디로 옮겨졌는지 알고 싶었다.

예수님의 물음에 대한 보다 깊이 있는 대답은, 마리아가 죽은 자를 찾고 있었다는 것이다. 그녀는 산 자 가운데서 예수님을 찾은 것이 아니라 죽은 자 가운데서 찾고 있었다(눅 24:5). 그녀는 살아 계신 주님을 찾지 않고 시신을 찾고 있었다. 그녀에게 말하는 사람이 예수님이실 수가 없었다. 예수님은 죽으셨다. 당연히 그녀는 자신에게 말하는 사람이 동산 지기인 줄로 알았다.

그러나 마리아는 예수님을 찾기 원했다.

"주여 당신이 옮겼거든 어디 두었는지 내게 이르소서 그리하면 내가 가져가리이다"(요 20:15).

도널드 반하우스(Donald G. Barnhouse)는 이렇게 설명한다.

막달라 마리아는……여전히 시신에 대해 생각하고 있었다. 사흘 밤낮을 운 그녀의 마음은 텅 빈 상태였다……이루 말할 수 없는 고뇌를 겪었으며 불면의 시간을 보내고 있었다. 그녀는 무덤에 세 번 방문했고, 마을로 돌아갔다. 이제 그녀는 예수님의 시신과 약 45kg의 몰약과 향품을 옮기겠다고 말했다……그것은 건장한 남자의 힘으로도 옮길 수 없는 무게였다……여기에 사랑이 있다. 사랑이 언제나 그렇듯이, 그녀는 불가능해 보이는 일을 떠맡고 나선 것이다.[42]

다시 사신 예수님께서 마리아를 만나셨으나, 마리아는 여전히 그분의 시신에 대해 생각하고 있었다. 예수님은 마리아의 가장 어두운 두려움과 가장 깊은 소망을 드러내기 위해 이렇게 질문하셨다. 20세기가 지난 오늘날에도, 그 물음은 여전히 들려온

---

[42] James Montgomery Boice, *The Gospel of John: An Expositional Commentary* (Grand Rapids, MI.: Zondervan, 1979), vol. 5, pp. 281-282에서 인용.

다. "누구를 찾느냐?" 당신은 누구를 찾고 있는가? 구주를? 아니면 연인이나 친구를? 죽은 자 가운데서는 결코 그분을 찾지 못할 것이다.

마리아가 마주친 예수님에 관한 이 이야기는 그리스도께서 부활하셨다는 가장 강력한 증거가 될 수 있다. 성경은 예수님이 죽었다가 다시 살아나셨다고 말한다. 이것은 철저한 거짓 아니면 복음 진리이다.

우리는 막달라 마리아의 이야기가 조작된 것이 아님을 확신한다. 당신이 누군가가 죽었다 살아났다는 것을 사람들로 하여금 믿게 해야 하는 1세기의 한 유대인이라고 가정해보자. 이 경우에 당신은 그 이야기의 증거로 한 여자의 증언을 내세우지는 않을 것이다. 유대교 율법에서는 여자를 법정 증인으로 인정조차 하지 않았기 때문이다.[43]

그렇다면 요한은 왜 예수 그리스도의 부활에 대한 증인으로 막달라 마리아를 언급했을까(더욱이 당시 그녀는 슬픔에 사로잡혀 있는 상태였다)? 그 이유는 그 이야기가 사실이기 때문이다. 처음에는 마리아 자신도 믿을 수 없었으나 나중에 확신을 갖게 되었던 것이다.

---

43   "Rosh Ha-Shanah," 1:8, *The Mishnah*, Herbert Danby 역 (London: Oxford, 1933), p. 189.

구하라 그러면 찾을 것이요

놀라운 사실은 마리아의 불확실한 상태가 오래가지 않았다는 것이다. 그녀는 돌아보자마자 예수님을 찾아냈다. 사실 그녀는 그분을 찾을 필요조차 없었다. 예수님께서 그녀를 찾으셨다.

한 어머니가 놀이공원에서 어린 아들을 잃어버린 경우를 떠올려 보자. 둘은 범퍼카를 함께 타다가 솜사탕을 사러 갔는데, 엄마가 솜사탕 값을 치르는 동안 아이가 사라져 버렸다. 엄마는 이리저리 아이를 찾아보았지만 어디에도 아들은 보이지 않았다. 아이가 군중 속으로 사라진 것이다. 엄마는 미친 듯이 날뛰었다. 눈에 눈물이 가득한 채 아이 이름을 목청껏 외치며 공원을 뛰어다녔다. 손에는 여전히 솜사탕이 쥐여 있었다. 20분 후에 마침내 아이를 찾았는데 아이는 어느 자상한 할아버지와 함께 공원 벤치에 앉아 팝콘을 맛있게 먹고 있었다. 그리고 엄마에게 말했다. "엄마, 엄마를 잃어버렸어!"

누구를 잃었다는 것인가? 그리고 누구를 찾았다는 것인가?

막달라 마리아는 예수님을 찾고 있었다. 하지만 잃어버려진 건 바로 그녀였다. 그녀는 예수님 없는 세상에 상심한 채 홀로 있었다. 슬픔과 죄악 가운데 잃어버려진 상태였다. 찾고 있는 이는 예수님이셨다. 그분이 오셔서 마리아의 이름을 부르셨다. "여자여"라고 처음 부르셨을 때, 그녀는 그분이 누구인지 알아채지 못했지만 "마리아야"라고 부르시자 그분의 음성을 알아차렸다.

"마리아가 돌이켜 히브리 말로 랍오니 하니(이는 선생님이라는 말이라)"(요 20:16).

한때 예수님은 자신을 선한 목자에, 자신을 따르는 이들을 양 떼에 비유하셨다.

"그가 자기 양의 이름을 각각 불러 인도하여 내느니라……양들이 그의 음성을 아는 고로 따라오되"(요 10:3-4).

막달라 마리아는 예수님의 양들 중 하나였음이 분명하다. 예수님께서 그녀의 이름을 불렀을 때 그 음성을 알았기 때문이다.

당신은 예수님을 아는가? 그분의 음성을 분별할 수 있는가? 그분을 사랑하는 삶을 사는가? 예수님은 우리에게 당신을 따라오라며 부르고 계신다. 그분의 영이 우리 이름을 부르신다. 만일 우리가 그분의 음성을 들으면, 우리는 막달라 마리아처럼 그분을 사랑하게 될 것이다. 예수님이 돌아가신 상태였을 때에도 마리아는 그분을 매우 사랑했다. 살아 계신 주님을 향한 그녀의 사랑은 아마 훨씬 더 컸을 것이다.

"어찌하여 울며 누구를 찾느냐"(요 20:15).

1. 당신은 누구를 찾고 있습니까? 당신이 찾는 이는 '구주'가 맞습니까?

2. 예수님은 우리가 찾을 필요 없이 이미 우리를 찾아내셨습니다. 슬픔과 죄악 가운데 홀로 두지 않으시고 우리를 찾아오셨습니다. 당신의 이름을 부르는 그 음성에 귀 기울이며 찾는 이에게 소망이 되는 십자가의 기쁜 소식을 묵상해 보십시오.

예수님은 당신을 아십니다. 당신의 음성을 분별하십니다. 당신을 사랑하십니다. 그분의 영이 우리의 이름을 부르며 따라오라고 말씀하십니다. 우리를 위해 십자가도 마다하지 않으신 그분을 사랑하십시오. 살아 계신 우리 주님을 더욱 사랑하십시오.

두려워하는 자를 위한 말씀

필립 라이큰

"무서워하지 말라"(마 28:10).

천사들은 유행의 첨단을 걷는다. 그들 자신의 책, 달력, 노트패드, 홈페이지 등을 갖고 있다. 뿐만 아니라 "천사의 손길"(Touched by an Angel)이라는 그들 자신의 TV 프로그램과 'LA 에인절스'(Los Angeles Angels of Anaheim)라는 그들 자신의 야구팀도 있다. 그리고 어떤 천사들은 무대나 영화에서 스타가 되었다.

1996년 두 편의 천사 영화가 박스 오피스에서 히트했다. 하나는 존 트라볼타(John Travolta)를 스타로 만든 "마이클"(Michael)이고, 다른 하나는 천사 역을 맡았던 휘트니 휴스턴(Whitney Houston)과

덴젤 워싱턴(Denzel Washington)을 스타덤에 올려놓은 "프리쳐스 와이프"(The Preacher's Wife)이다. 이들 영화에 나오는 천사들은 결코 천사의 모습을 하고 있지 않은데 존 트라볼타의 경우에는 더욱 그렇다. 그들은 사람과 흡사하다. 불경스럽고, 정장을 입고, 최신 유행의 헤어스타일을 갖추었다. 그들은 의심과 문젯거리들을 지니고 있었으며 심지어는 성적 충동도 느끼는 것 같았다. 이 천사들과 함께 즐거이 춤을 출 순 있겠으나 그들에게 경배하고 싶은 마음을 느끼게 하진 않는다.

천사의 첫마디 말

하지만 진짜 천사들은 다르다. 그들은 경배하고 싶은 마음이 들게 하는 존재이다. 나는 천사를 본 적 없지만, 성경은 그들을 현란한 빛의 존재로 묘사한다. 그들을 본 사람들은 경이로움을 느끼거나 미소를 짓지 않았다. 대신 소름끼치는 공포를 느꼈다.

안식일 첫날이 되려는 미명에 몇몇 여자들이 예수님의 무덤을 보러 갔을 때, 그분의 시신을 지키던 로마 군병들의 반응이 그러했다.

"큰 지진이 나며 주의 천사가 하늘로부터 내려와 돌을 굴려 내고 그 위에 앉았는데 그 형상이 번개 같고 그 옷은 눈 같이 희거늘 지키던 자들이 그를 무서워하여 떨며 죽은 사람과 같이 되었더라"
(마 28:2-4).

천사가 나오는 영화에서 이런 장면은 없을 것이다. 하지만 이것이 천사들의 실제 모습이다. 강력하고, 천둥이 치듯 하고, 현기증을 일으키며, 광채가 찬란하다. 천사 한 명이 억센 군병들의 무리를 벌벌 떨게 할 수 있다.

천사들은 자신의 모습이 사람들에게 큰 공포를 느끼게 한다는 것을 알고 있는 것 같다. 천사들을 본 사람들은 눈의 흰자위가 커지거나 턱이 쩍 벌어지거나 무릎이 덜덜 떨렸을 것이다. 이에 천사들은 하나님의 사람들을 서둘러 안심시킨다.

매들렌 렝글(Madeleine L'Engle)은 다음과 같이 말했다.

> 성경에서 천사가 어떤 사람에게 나타날 때 하는 첫마디는 대개 "무서워 말라!"이다. 이는 천사들의 모습이 어떠한지를 짐작케 한다.[44]

첫 성탄절에 천사들이 목자들에게 했던 말도 "무서워 말라!"였다. 그들이 밤중에 양 떼를 돌보고 있을 때, 주의 사자가 곁에 서

---

[44] Madeleine L'Engle, *The Glorious Impossible* (New York: Simon & Schuster, 1990), 서언.

고 주의 영광이 그들을 두루 비췄다. 그들이 크게 무서워하자 천사가 말했다.

"무서워하지 말라 보라 내가 온 백성에게 미칠 큰 기쁨의 좋은 소식을 너희에게 전하노라"(눅 2:10).

그리고 천사는 빈 무덤에서도 같은 말을 했다.

"무서워하지 말라"(마 28:5).

좋은 소식을 전할 때도, 그들의 첫마디는 "무서워 말라!"였다.

인간의 두려움

첫 번째 부활절 아침에 무덤으로 간 여자들이 두려워했던 것은 당연하다. 그들은 예수님에 대한 불법 재판과 비참한 십자가 처형을 목격했다(마 27:56). 예수님께서 거짓 고소를 당하고, 부당하게 매질을 당하며, 잔인하게 처형되는 것을 보았으며, 그분의 시신이 십자가에서 내려져 무덤으로 옮겨지는 것도 지켜보았다(마 27:57-60). 그리고 무거운 바위가 그분의 무덤을 막는 것도 보았다(마 27:60-61). 그들의 불안이나 두려움이 상상이 되는가?

사흘째 되는 날, 무덤을 찾아갔을 때에는 두려움이 더욱 심했을 것이다. 여명의 어둠 속에서 무덤 입구가 시커멓게 열려 있고 바위가 굴려져 있는 것을 보고 얼마나 깜짝 놀랐겠는가. 게다가 천둥 같은 목소리로 말하며 번개처럼 보이는 천사를 대면했다. 그들은 너무나 무서웠을 것이다.

영국 철학자 버트런드 러셀(Bertrand Russell)은 지그문트 프로이트(Sigmund Freud)와 마찬가지로, 종교란 공포증의 산물이라고 믿었다.

> 내 생각에 종교는 주로 두려움에 기초한다. 종교심은 부분적으로는 미지의 대상에 대한 공포이며 부분적으로는 온갖 곤경과 다툼이 생길 때 곁에 형이 있어 주기를 바라는 것과 같은 마음이다. 신비한 것에 대한 두려움, 패배에 대한 두려움, 죽음에 대한 두려움 등과 같은 두려움이 그 모든 것의 기초이다. [45]

러셀의 말이 옳은가? 참된 종교란 두려움의 산물일 뿐인가?

버트런드 러셀은 최소한 두 가지 면에서는 옳았다. 첫째, 인간이란 두려워하는 존재이다. 천사들을 두려워하지 않더라도, 우

---

45 Bertrand Russell, *Why I Am Not a Christian* (New York: Simon & Schuster, 1957).

리 주변에는 두려워할 만한 것들이 많다. 실패에 대한 두려움, 어둠에 대한 두려움, 높은 곳에 대한 두려움, 비행에 대한 두려움, 뱀에 대한 두려움, 질병에 대한 두려움, 친밀함에 대한 두려움, 성장에 대한 두려움, 장래와 미지의 사실에 대한 두려움, 그리고 모든 두려움의 총합인 죽음에 대한 두려움 등이 있다.

당신이 두려워하는 것은 무엇인가? 아마 두려워하는 것들은 대부분 비슷할 것이다. 실직, 시련, 가족에게 일어날 일, 또는 혼자서 죽음을 맞이하는 것 등을 두려워할 수 있다. 혹은 "두려움 자체 외에는 아무것도 두렵지 않다."라고 말할 수도 있다. 문제는 두려움 그 자체이다.

두려워하지 않아도 되는 이유

버트런드 러셀의 말 중 두 번째로 옳은 것은 기독교가 두려움에 대한 처방을 제시한다는 사실이다. 러셀 자신은 그 처방을 비웃었다. 그는 그 처방과 아무 관련이 없기를 원했다. 심지어 『나는 왜 그리스도인이 아닌가』(*Why I am Not a Christian*)라는 책을 쓰기까지 했다. 그러나 그리스도인들이 섬기는 하나님은 두려워하는 자를 위한 말씀을 주신다. "무서워하지 말라"는 말씀이 마태복음 본문에서 두 차례나 나온다. 한 번은 천사가, 또 한 번은 예수님께서 직접 말씀하셨다.

두려워할 때 두려워 말라는 말을 해주는 사람이 곁에 있으면 조금이나마 안도감을 느끼게 된다. 신뢰할 수 있는 사람이 말해 주면 더더욱 그렇다. 그러나 두려워할 이유가 아예 없다면 정말 큰 위안이 될 것이다. 달빛도 없는 밤에 어둡고 위험한 숲을 지나간다고 상상해 보라. 무서워 말라는 누군가의 말이 어느 정도 위안은 될 수 있겠지만, 칠흑 같은 어둠 속에서 무언가가 얼굴로 날아든다면 그 말은 별로 도움이 되지 않을 것이다. 차라리 "여기 손전등을 사용해."라고 말해 주는 편이 더 나을 것이다.

빈 무덤에서 천사가 여자들에게 위안이 되었던 이유는 그가 두려워하지 않을 이유를 그들에게 이야기해 주었기 때문이다.

"너희는 무서워하지 말라 십자가에 못 박히신 예수를 너희가 찾는 줄을 내가 아노라 그가 여기 계시지 않고 그가 말씀 하시던 대로 살아나셨느니라 와서 그가 누우셨던 곳을 보라"(마 28:5-6).

천사는 먼저 여자들을 진정시켰다. 그는 그들이 왜 무서워하는지 알고 있었다. 그들이 예수님 없이 잃어버린 바 되었다고 느꼈음을, 또한 그들이 예수님을 찾고 있으며 그 죽음을 여전히 슬퍼하고 있음을 알고 있었다. 하지만 천사는 또 한 가지를 알고 있었으니, 그것은 그들이 무서워할 이유가 없다는 사실이다. 예수님이 무덤에 계시지 않은 이유는 죽음에서 살아나셨기 때문이다. 그들이 핵심을 놓치지 않도록 천사는 그 메시지를 반복했다.

"그가 여기 계시지 않고 그가 말씀 하시던 대로 살아나셨느니라" (마 28:6a).

"그가 죽은 자 가운데서 살아나셨고"(마 28:7).

또한 천사는 부활에 대한 확실한 증거를 제시했다. 그는 여자들을 불러 말했다.

"와서 그가 누우셨던 곳을 보라"(마 28:6b).

무장한 경비병과 무거운 바위에도 불구하고, 무덤은 비어 있었다. 예수님은 죽은 자 가운데서 살아나셨다. 만일 예수님이 죽은 자 가운데서 살아나셨다면, 여자들은 무서워할 필요가 없었다. 외로움을 두려워할 필요가 없었다. 그들의 벗이 돌아오셨기 때문이다. 잃어버려질까 두려워할 필요가 없었다. 그들이 잃어버린 것을 되찾았기 때문이다. 슬픔을 두려워할 필요도 없었다. 천사가 큰 기쁨의 좋은 소식을 전해 주었기 때문이다.

예수 그리스도의 부활은 그들의 모든 두려움을 잠잠하게 했다. 성경은 "그 여자들이 무서움과 큰 기쁨으로 빨리 무덤을"(마 28:8) 떠났다고 전한다. 기쁨에도 불구하고 그들에게는 여전히 두려움이 남아 있었다. 그 이유가 무엇인지 우리는 알 수 없다. 천사의 말이 너무 놀라운 내용이어서 사실로 받아들여지지 않았을지도 모른다. 예수님께서 죽은 자 가운데서 살아나셨다는 개념 자체가 놀랍게 들렸을 수도 있다. 어쨌든 그들은 두려웠다.

제자들에게 이 사실을 알리기 위해 달려가는 여자들에게 예수님께서 갑자기 나타나셨다(마 28:9). 예수님이 두려움 가운데 있는 그들을 만나셔서 건네신 첫마디는 "평안하냐"(마 28:9)였다. 문자적으로 이 말은 "기뻐하라"는 뜻인데, 여자들은 이미 기뻐하고 있었다. 하지만 그들에게 여전히 두려움이 남아 있는 것을 아시고는 예수님은 천사의 메시지를 반복하셨다.

"무서워하지 말라"(마 28:10).

천사와 달리 예수님은 두려워 말아야 할 이유를 나열하지 않으신다. 죽은 자 가운데서 살아나신 예수 그리스도는 그들의 모든 두려움에 대한 해결책으로 그들 앞에 서 계신다. 예수님이 살아 계시므로 그들은 두려워할 필요가 없다. 그분은 유령이 아니라 실제 몸으로 살아나셨다. 그것은 기적적인 부활체였으나 실제 몸이었다. 예수님이 살아 계시므로 여자들은 장래를 두려워할 필요가 없었다. 사흘 동안 그들은 예수님 없이 두려운 삶을 지탱해 왔다. 그들은 무엇을 하며 어디로 가야 할지를 몰랐다. 하지만 이제는 앞으로 어떤 일을 만나더라도 그들은 예수님의 도우심과 임재로써 그것을 직면할 것이다.

무엇보다 예수님께서 살아 계시므로 그들은 죽음을 두려워할 필요가 없었다. 하나님이 예수 그리스도를 죽은 자 가운데서 살리신 이유는 예수님이 단번에 죽음을 정복하셨음을 보여 주기 위함이었다.

예수님께서 그분을 따르는 자들의 죄를 대신하여 죽으시는 것만으로는 충분하지 않았다. 만일 그리스도가 십자가에 못 박혀 죽으시고 무덤에 묻히신 것이 끝이라면, 죽음이 최종 결론이었을 것이다. 우리가 죄 사함을 얻을 수는 있으나, 영생의 소망을 갖진 못할 것이다. 예수님은 사망을 정복하기 위해 죽은 자 가운데서 살아나셔야 했다. 예수 그리스도의 부활은 그분을 믿는 모든 이들 또한 죽은 자 가운데서 살아날 것을 나타내는 증거이다.

예수님의 친구들은 아무것도, 심지어는 죽음마저도, 두려워할 필요가 없다. "무서워하지 말라"는 예수님의 말씀은 바로 그런 뜻이다.

버트런드 러셀은 그리스도인들이 곤경에 처한 자신을 도와줄 형 같은 존재를 찾고 있다고 믿었다. 그 말 자체는 옳다. 삶은 두려운 경험일 수 있다. 우리는 자신을 구원해줄 든든한 맏형을 필요로 한다. 그분이 바로 예수 그리스도이시다(히 2:11-12). 만일 예수님이 우리의 가장 큰 두려움들(소외, 죽음, 장래)에 대한 해결책이시라면, 그분은 또한 사소한 두려움들에 대한 해결책이시기도 하다. 어떠한 두려움이라도 예수님께 가지고 나아가면 그분은 "무서워하지 말라"고 말씀하신다.

"무서워하지 말라"(마 28:10).

1. 예수님께서 함께 계심에도 두려워했던 것이 있다면 무엇입니까? 여전히 두려워하겠습니까?

___

___

2. 살아 계신 예수님께서 말씀하십니다. "내가 모든 것을 이루었고, 모든 것을 이겼으니 너는 안심하라. 두려워하지 말라. 평안하라." 하나님을 신뢰하며, 두려움 가운데 평안을 주는 십자가의 복음을 묵상해 보십시오.

___

___

무서워하지 마십시오. 주께서 살아나셨습니다. 어떤 두려움이라도 부활하신 예수님께 가지고 나아가면 잠잠해집니다. 그러니 어떤 일을 만나든지 담대하십시오. 우리에게는 더 이상 두려워 할 이유가 없습니다.

chapter 17

불안한 자를 위한 말씀

필립 라이큰

"너희에게 평강이 있을지어다"(요 20:19, 21).

우리 모두에게는 평안이 필요하다.

"캐럴!" 주변이 아수라장이 되자 나는 소리쳤다. "아기를 데리고 창문에서 멀리 떨어진 곳으로 가 있어요!"……나는 갑자기 나타난 무장한 자들 사이로 이리저리 달려 집 쪽으로 뛰어갔다……무장한 자들이 상대 침입자들을 향해 이미 화살을 날리고 있던 터라 내 머리 위로도 세 개의 화살들이 아치형으로 날아갔다. 마치 내게 떨어질 것만 같아 나는 집 뒤편의 지붕 아래로 급히 피했다……뒤쪽 계단을 기어올라 서둘러 집안으로 들어가 보니 캐럴은 나의 외침을 듣고 낮잠을 자던 스티븐과 함께 창고로 피한 상태였다. 창고의 내벽은 마구잡이로 날아드는 화살로부터 그들을 보호해 주었다……캐럴이 스티븐 곁에 있는 동안, 나는 현관으로 가서 밖의 상황을 지켜보았다.[46]

긴박한 이 상황은 이리안자야의 사위(Sawi) 부족들과 함께했던 선교사 돈 리처드슨(Don Richardson)의 경험으로, 이는 적대적인 부족들 간의 전투 현장이었다. 그는 평화를 전하기 위해 그곳에 갔으나 전쟁의 한가운데서 생명의 위협을 느꼈다.

평안은 어디에 있는가?

예수님이 돌아가시자 제자들은 리처드슨과 비슷한 감정을 느꼈다. 그들의 마음은 전혀 평안하지 않았다. 안식일 후 첫날 저녁에 서로 만났을 때, 그들은 유대교 지도자들이 두려워 문을 잠그고 있었다(요 20:19). 그들이 두려워하는 것은 당연하다. 예수님께 일어난 일을 본 그들 아닌가. 예수님이 한밤중에 배신당하여 재판정으로 끌려가고, 군병들에 의해 매질을 당한 후 처형장으

---

[46] Don Richardson, *Peace Child* (Glendale, Calif.: G/L Publications, 1974), pp. 154-155.

로 끌려가는 광경을 그들은 다 지켜보았다. 그 다음은 누구 차례가 될지 몰랐기 때문에 그들은 문을 단단히 걸어 잠그고 발자국 소리나 목소리에 촉각을 곤두세우고 있었다.

이들만큼은 아니겠지만 우리 역시 불안감을 안고 살아간다. 이 점으로 인간에 관한 두 가지 사실을 생각해 볼 수 있다. 첫째, 인간은 평안을 깊이 갈망한다. 둘째, 우리는 늘 만인 대 만인의 투쟁 가운데 있다.

세상에는 평안이 없다. 모두들 평화의 열차에서 뛰어내렸다. 아무도 평화를 추구하지 않는다. 도처에 전쟁과 전쟁의 소문이 있고, 지구촌 곳곳에서 무력 충돌이 일어난다. 남아프리카에 평화가 있으면 북아일랜드에 문제가 생기고, 중미가 잠잠하면 발칸 지역이 혼란스러워진다. 다른 모든 곳이 평화롭더라도, 중동에는 언제나 문제가 있다. 부족과 부족, 군대와 군대, 나라와 나라가 대립한다. 세상에는 평안이 없다.

나라 안 또한 마찬가지이다. 정치 지도자들은 중대 이슈들을 놓고 분열되어 있으며 미국 사회의 이면에는 인종적 긴장감이 늘 도사리고 있다.

도시의 거리에도 평안이 없다. 도시에 사는 사람들은 폭력의 위협을 느끼곤 한다. 이곳 필라델피아는 형제애의 도시로 알려져 있으나, 형제 밀치기의 도시에 더 가깝다. 깨진 가족이 난무하는 이 시대에는 가정에도 평안이 없다. 부모와 자녀가 대립하며, 형제들이나 친인척들이 서로 대립한다.

우리가 자신의 영혼에만 집중하며 편히 쉴 수만 있어도 좋을 것이다. 그래서 세상과 가족을 뒤로하고 평안을 얻으려고 하지만, 그때 우리 자신의 마음이 평안하지 않다는 것을 발견한다. 세상과 가족의 문제가 곧 우리 자신의 문제로 자리 잡고 있으며 마음의 양심으로 괴로울 때도 허다하다.

하나님은 우리를 지으실 때 자신 안에서 안식을 찾도록 하셨기 때문에 우리는 늘 평안을 갈망한다. 하지만 우리가 그 평안을 유지하지 못하는 것은 그분과 화평하지 못하기 때문이다. 즉, 하나님과의 관계에 문제가 있는 것이다.

중재자 예수 그리스도

예수 그리스도는 중재자이시다. 그분은 하나님과 인간을 화목케 하려고 이 땅에 오셨다. 선지자들은 그를 "평강의 왕"(사 9:6)이라 불렀다. 천사들은 그의 탄생을 선언하면서 이렇게 말했다.

"땅에서는 하나님이 기뻐하신 사람들 중에 평화로다"(눅 2:14).

또한 예수님은 이 땅에 계실 때 이렇게 말씀하셨다.

"평안을 너희에게 끼치노니 곧 나의 평안을 너희에게 주노라……
너희는 마음에 근심하지도 말고"(요 14:27).

예수 그리스도의 제자들이 방문을 걸어 잠그고 숨어 있을 때, 부활하신 예수님은 그들 가운데 나타나셔서 이렇게 이야기해 주셨다.

"너희에게 평강이 있을지어다"(요 20:19).

예수님은 제자들에게 거듭 평강을 말씀하셨다. 처음에는 그들이 두려워서 함께 모여 문을 잠그고 있을 때였고, 다음에는 그들이 예수님의 부활을 기뻐할 때였다.

"제자들이 주를 보고 기뻐하더라 예수께서 또 이르시되 너희에게 평강이 있을지어다"(요 20:20-21).

예수님은 두려운 자에게도, 기뻐하는 자에게도 "평강"을 말씀하셨다. "평강"은 불안한 모든 이들을 위한 말씀이다. 또한 예수님은 제자들에게 "평강이 있을지어다"라고 말하는 데 그치지 않으셨다. 성경은 이렇게 전한다.

"이 말씀을 하시고 손과 옆구리를 보이시니"(요 20:20).

예수님은 자신의 흉터를 보여 주셨다. 대못이 자신의 손을 관통했던 부위를 보여 주셨다. 로마 군병이 그분의 죽음을 확인하기 위해 창으로 옆구리를 찔렀을 때(요 19:34) 생긴 상처도 보여 주셨다. 예수님은 그 상처들을 지니고 무덤으로 옮겨졌으나, 다시 사셨을 때에는 그 모든 상처가 치유되었다.

예수님의 몸에 남은 상처는 하나님과의 평강을 나타내는 증거이다. 하나님을 향한 인간의 반역은 너무나 심각하므로, 하나님의 공의의 진노를 돌이키기 위해서는 무엇인가가 필요했다. 죗값이 지불되어야 했다. 하나님과의 화평은 완전한 피 제사를 통해서만 가능했는데 예수님의 상처는 바로 그분이 그 희생 제사를 드렸음을 나타내는 증거이다.

그리스도가 오시기 약 700년 전의 선지자였던 이사야는 하나님과의 화평을 위해 무엇이 필요한지를 알고 있었다. 그는 예수님에 관해 이렇게 썼다.

"그가 찔림은 우리의 허물 때문이요 그가 상함은 우리의 죄악 때문이라 그가 징계를 받으므로 우리는 평화를 누리고 그가 채찍에 맞으므로 우리는 나음을 받았도다"(사 53:5).

예수 그리스도는 우리의 중재자이시다. 그분이 십자가에서 입은 상처는 하나님과 우리의 화평을 위해 지불하신 대가였다. 십자가에서 대속의 죽음을 당하신 예수 그리스도를 믿는 자는 누구든지 하나님과의 화평을 누린다.

"우리 주 예수 그리스도로 말미암아 하나님과 화평을 누리자"(롬 5:1).

"그의 십자가의 피로 화평을 이루사 만물……이 그로 말미암아 자기와 화목하게 되기를 기뻐하심이라"(골 1:20).

화해의 아이

마침내 이리안자야 사위 부족의 전사들이 하나님과 화평 관계를 맺게 되었는데 그렇게 되기까지 다음과 같은 과정이 있었다.

돈 리처드슨은 예수님이 그들의 죄 때문에 죽으셨다는 것을 이해시키려고 오랫동안 노력했지만, 그들은 절대 이해하지 못했었다. 사위 부족이 이 사실을 제대로 이해할 수 없었던 이유 중 하나는 그들이 변절을 미덕으로 여겼기 때문이다.

한번은 어떤 사람이 두 부족을 화해시키기 위해 선물을 가지고 두 마을 사이를 오갔다. 두 부족 간의 신뢰가 싹트기 시작할 무렵,

그 사람은 축제에 초청되었다. 하지만 그는 자신이 그 축제의 메인 코스가 되리라고는 전혀 생각지도 못했다. 그가 자리에 앉자 새 "친구들은" 그를 에워싼 후 사로잡아 요리한 다음에 먹어 치웠다. 이 관행은 사위식으로 표현하면, "살육을 위해 우정으로 살찌우는" 것이었다. 리처드슨이 예수님 이야기를 들려주었을 때, 그들이 가룟 유다를 영웅으로 여겼던 것도 바로 그런 관행 때문이었다.

전쟁 막바지에 이르러 사위 부족들이 화해하기 전까지 리처드슨은 예수 그리스도에 관한 좋은 소식을 그들에게 설명할 방법을 찾지 못했다. 그들은 평화 의식에서 '화해의 아이'를 교환했다. 상대편 부족의 남자 아이를 한 명씩 데려다 키우기로 한 것이다. 이때 화해의 아이 중 한 명이 외아들이었기 때문에 특히 가슴 아픈 의식이었다. 모든 부족의 구성원들은 모여서 화해의 아이에 손을 얹고 적대감을 끝내기로 약속했다. 화해의 아이가 살아 있는 한, 두 부족들 간에 평화를 유지하기로 하고 만약 화해의 아이를 죽인다면 이는 영웅적인 배신행위가 아니라 가장 비열한 죄악이므로 그때는 다시 평화가 없게 될 것을 선포했다.

예수 그리스도가 곧 '화해의 아이'이시다. 우리가 반역을 도모하는 중일 때, 하나님은 당신의 독생자를 넘겨주셨다. 우리는 그분을 죽음으로 내몰아 하나님의 영원한 대적이 되었지만 하나님은 우리와의 화해를 결심하고서 그 '화해의 아이'를 죽은 자 가운데서 살리셨다.

"너희에게 평강이 있을지어다"라고 말씀하신 분은 바로 다시 사신 그리스도이시다. 사위 부족의 문제는 그 아이가 죽으면 적대감도 다시 살아날 수 있다는 데 있다. 그러나 하나님의 '화해의 아이'는 결코 죽지 않으신다. 예수 그리스도를 영접하는 자는 누구나 하나님과 더불어 영원히 화평을 누릴 것이다.

성령님이 주시는 평안

예수님을 알면 내적인 평안과 외적인 평안을 얻는데 이는 모두 성령님으로부터 비롯된다. 그리스도인들은 하나님이 삼위(성부와 성자와 성령)로 존재하심을 고백하지만 때로는 성령님이 삼위일체의 한 분이시라는 사실을 잊곤 한다. 성령님을 이해하기 힘든 이유는 그분이 보이지 않기 때문이다. 성령님은 그리스도인의 심령 속에 거하신다. 예수님은 당신을 믿는 모든 이들의 심령에 성령님을 보내 주셔서 거하게 하신다.

> "이 말씀을 하시고 그들을 향하사 숨을 내쉬며 이르시되 성령을 받으라"(요 20:22).

예수님은 제자들에게 성령님을 보내 주셨는데 이는 십자가에 달리기 전에 이미 약속하셨던 바이다. 그때 예수님은 성령님을 내적인 평안을 가져다줄 보혜사로 설명하셨다.

> "보혜사 곧 아버지께서 내 이름으로 보내실 성령 그가 너희에게 모든 것을 가르치고 내가 너희에게 말한 모든 것을 생각나게 하리라 평안을 너희에게 끼치노니 곧 나의 평안을 너희에게 주노라" (요 14:26-27).

예수님이 성령님을 보내 주신 것은 평안을 주시기 위함이었다. 따라서 성령님이 거하시는 곳마다 평안이 있다.

> "성령의 열매는……화평과"(갈 5:22).

성령님은 우리가 예수 그리스도를 통해 하나님과 더불어 영원히 화평케 되었음을 상기시킴으로써 내적인 평안을 주신다. 우리가 염려할 때, 그분은 하나님의 보살핌을 상기시키신다. 우리가 두려워할 때, 그분은 하나님의 사랑을 확신시키신다. 우리가 의심할 때, 그분은 우리 믿음을 강하게 하신다. 우리가 외로울 때, 그분은 우리의 친밀한 벗이 되신다. 우리가 불안할 때, 그분은 우리를 하나님 안에서 안식하게 하신다. 그리스도를 통해 하나님의 벗이 됨으로써 누리는 놀라운 내적 평안을 성령님이 가져다주신다.

또한 성령님은 외적인 평안도 주신다. 이는 사람들 간의 화평함이다. 참된 기독교는 언제나 평화를 사랑한다.

> "화평하게 하는 자는 복이 있나니 그들이 하나님의 아들이라 일컬음을 받을 것임이요"(마 5:9).

하나님의 사람들은 가정과 지역, 세상에서 화평을 추구해야 한다. 그리스도인은 심지어 원수마저 사랑해야 한다. 사람들 간에 지속적인 평화를 가져다줄 수 있는 이는 성령님뿐이시다. 우리의 자연적인 성향은 서로 간의 경쟁이며, 심지어 서로 간의 미움이다. 만일 내적, 외적 평안을 원한다면, 예수님을 우리의 구주로 영접해야 한다. 그러면 그분이 성령님을 보내 주실 것이다.

그리스도인들끼리 만나면 "주의 평안이 함께하기를" 하고 평안을 구하는 인사를 주고받곤 한다. 이렇게 인사할 수 있는 것은 하나님이 자신의 평안을 우리에게 주셨기 때문이다. 그 평안을 처음 건네신 분이 바로 부활하신 예수님이시다. 그분은 제자들을 만났을 때, "너희에게 평강이 있을지어다"라고 인사하셨다.

"너희에게 평강이 있을지어다"(요 20:19, 21).

1. 당신의 관계를 돌아보십시오. '나', '하나님', '가족', '이웃', '세상'과의 관계 속에서 화평합니까? 그렇지 않다면 그 이유는 무엇입니까?

....

....

2. 예수님의 못 자국과 창 자국은 화평의 증거입니다. 평강의 왕 예수님이 십자가에서 우리의 중재자가 되어 주셨습니다. 하나님의 사랑을 확신시키는 영원한 화해의 십자가를 묵상해 보십시오.

....

....

우리가 죄를 짓고 하나님을 대적하였기 때문에, 하나님과의 화평은 완전한 피 제사를 통해서만 가능했습니다. 그 희생 제물이 되어 제사를 드린 분이 바로 예수님입니다. 예수님을 구주로 영접하십시오. 그리고 그분이 주시는 성령을 받으십시오. 완전한 평안을 당신에게 주실 것입니다.

chapter 18

근심에 쌓인 자를 위한 말씀

제임스 몽고메리 보이스

"이에 모세와 모든 선지자의 글로 시작하여 모든 성경에 쓴 바 자기에 관한 것을 자세히 설명하시니라"(눅 24:27).

예수님께서 십자가에 못 박혀 죽으신 뒤 일요일 아침, 예루살렘으로부터 엠마오로 돌아가던 두 사람의 마음은 근심에 쌓인 것 그 이상이었다. 그들은 망연자실했다.

두 사람은 여러 해 동안 예수님을 따랐었다. 예수 그리스도가 로마 군대를 몰아내고 자기 백성을 로마의 속박으로부터 해방시켜 몰락한 다윗 가문의 영광을 회복시킬 하나님의 메시아라고 생각했었다. 그러나 그분은 갑자기 붙들려 죽임을 당하셨고, 동시에 그들의 위대한 꿈은 무너졌다. 그 꿈이 있었을 때는 신났지만 예수님의 죽음과 더불어 그들의 소망도 사라졌다. 그래서 두 사람은 집으로 돌아가고 있었다.

그들이 달리 할 수 있는 일이 무엇이었겠는가? 예수님이 살아 계시다면, 무슨 일이든 했을 것이다. 하지만 이제 그들의 믿음은 흩어졌고, 집으로 돌아가서 각자의 생활을 추스르는 일 외에는 아무것도 할 게 없었다.

엠마오의 제자들

그렇다면 이 제자들은 누구인가? 이 물음에 대한 답은 많은 이들이 생각하는 것처럼 불명확하지 않다. 먼저, 누가복음 본문 자체가 두 제자 중 한 명의 이름이 글로바라고 밝힌다(눅 24:18). 누가복음에만 이 이름이 나오는 것은 아니다.

> "예수의 십자가 곁에는 그 어머니와 이모와 글로바의 아내 마리아와 막달라 마리아가 섰는지라"(요 19:25).

요한은 그의 이름의 철자를 약간 다르게 표기했는데 영어식 발음기호 [e]음이 나는 모음을 생략한 것이다. 고대에는 이름의 철자를 약간 바꿔서 기록하는 경우가 종종 있었음을 감안한다면 이는 동일 인물을 가리키는 것이 분명하다.

요컨대 예수님이 십자가에 달리실 때 글로바의 아내도 예루살렘에 함께 있었으며, 부활절 아침에 글로바와 함께 엠마오로 돌아가던 사람은 글로바의 아내였던 것으로 짐작된다. 그녀의 이름은 마리아로, 작은 야고보와 요세의 어머니였고 다른 여자들과 함께 예수님과 제자들을 도왔던 것으로 나와 있다(막 15:40-41; 16:1; 눅 24:10 참조).

전혀 믿지 않음

예수님이 막달라 마리아와 도마에게 나타나신 사실을 기록한 유사한 기사들과 마찬가지로, 이 이야기의 초점은 글로바와 마리아가 예수님의 부활을 기대하지도 믿지도 않았다는 것에 있다. 심지어 예수님의 부활 소식을 들은 후에도 그랬다.

마리아는 십자가 처형을 보았다. 예수님의 손과 발에 박힌 못을 보았고, 미리 파둔 구멍에 그 십자가가 쿵하고 세워지는 둔탁한 소리도 들었다. 예수님의 몸에서 흐르는 피도 보았다. 캄캄한 어둠을 목격했다. "나의 하나님, 나의 하나님, 어찌하여 나를 버리셨나이까"라는 예수님의 외침도 들었다. 그리고 예수님의 옆구리를 찌른 창도 보았다. 그녀는 예수님이 돌아가셨다는 사실을 전혀 의심하지 않았다. 글로바도 마찬가지였다. 그 역시 그 주간에 예루살렘에 있었고, 위의 광경 중 일부를 보았을 것이다.

정말 안타깝고 비통한 광경이었으나, 그들로서는 할 수 있는 일이 전혀 없었다. 단지 안식일이 끝나서 예루살렘을 떠나 고향인 엠마오로 돌아가기만을 기다릴 뿐이었다.

그런데 그날 아침에 어떤 일이 일어났다. 마리아는 다른 여자들과 함께 무덤으로 갔다. 예수님께 마지막 경의를 표하고 그 시신에 기름을 바르기 위해서였다. 글로바는 뒤에 남아 예루살렘을 떠날 준비를 했을 것이다. 무덤에서 마리아는 다른 여자들과 마찬가지로 천사들을 보았고, 예수 그리스도께서 죽은 자 가운데서 살아나셨다고 하는 천사들의 말을 들었다. 그녀는 돌아가서 글로바에게 그 이야기를 전해 주었을 것이다. 그러나 마리아는 천사의 말을 직접 듣고서도 글로바와 함께 고향으로 향했다. 그녀는 어떤 형태든 부활을 기대하지도 믿지도 않았던 것이 분명하다.

그뿐만이 아니다. 글로바와 마리아가 길을 떠날 준비를 하는 동안, 다른 여자들은 자신들이 보고 들은 일을 베드로와 요한에게 알려 주었고, 이들 두 사람은 무덤으로 곧장 달려가 헝클어진 수의를 보고서 돌아왔다. 그들 역시 무덤에서 본 것을 글로바와 마리아에게 말했을 것이다. 그러나 놀랍게도, 글로바와 마리아는 계속 짐을 꾸렸고, 준비가 되자마자 엠마오로 떠났다. 부활을 거의 기대하지 않은 것이다.

성경의 설명

내가 이야기를 지어내고 있는 것이 아니다. 예수님을 알아보기 전 그들이 그분께 직접 했던 말이다. 그토록 슬픈 기색을 하고 있는 이유를 묻는 예수님의 질문에, 그들은 이렇게 반문했다.

"당신이 예루살렘에 체류하면서도 요즘 거기서 된 일을 혼자만 알지 못하느냐"(눅 24:18).

이에 예수님이 "무슨 일이냐"(눅 24:19) 하고 물으셨다. 그러자 그들은 예수님의 죽음에 관해 이야기하고 있었다고 말했다.

"그는 하나님과 모든 백성 앞에서 말과 일에 능하신 선지자이거늘 우리 대제사장들과 관리들이 사형 판결에 넘겨 주어 십자가에 못 박았느니라 우리는 이 사람이 이스라엘을 속량할 자라고 바랐노라"(눅 24:19-21).

예수님은 분명 자신의 죽음으로 이스라엘을 구속하셨다. 하지만 그들이 바랐던 것은 정치적인 구속으로부터의 자유였다. 예수님께서 로마를 몰아내 주실 것을 기대했던 것이다. 글로바는 계속 말을 이었다.

"이뿐 아니라 이 일이 일어난 지가 사흘째요 또한 우리 중에 어떤 여자들이 우리로 놀라게 하였으니 이는 그들이 새벽에 무덤에 갔다가 그의 시체는 보지 못하고 와서 그가 살아나셨다 하는 천사들의 나타남을 보았다 함이라 또 우리와 함께 한 자 중에 두어 사람이 무덤에 가 과연 여자들이 말한 바와 같음을 보았으나 예수는 보지 못하였느니라"(눅 24:21-24).

그들은 천사들과 믿을 만한 증인들로부터 예수님의 부활 소식을 들은 상태였다. 모두들 텅 빈 무덤에 대해 증언했고, 천사들은 예수님의 부활을 선언했다. 글로바와 그의 아내도 그 점을 분명하게 인식하고서 예수님께 정확히 알려 드렸다. 하지만 그들의 실제 행동은 딴판이었다.

무엇이 그들을 변화시켰는가?

그렇다면 그들은 어떻게 해서 확신하게 되었나? 우리는 이렇게 말할 수도 있겠다. "예수님이 직접 나타나셨지 않은가? 그들은 그들 앞에 나타나신 예수님을 당연히 믿을 수 있었다." 하지만 성경을 보면 이것은 틀린 대답임을 알 수 있다. 예수님께서 그들에게 나타나신 것은 사실이다. 하지만 그들이 일어난 일들에 대해 예수님께 말하는 동안 그들은 예수님을 알아보지 못했다.

그들이 확신을 갖게 된 것은, 예수님이 그들에게 성경을 풀어 주셨을 때였다(눅 24:32).

> "모세와 모든 선지자의 글로 시작하여 모든 성경에 쓴 바 자기에게 관한 것을 자세히 설명하시니라"(눅 24:27).

예수님이 자세히 설명하셨다는 것은, 구약성경 전반을 말씀하셨음을 뜻한다. 유대인들이 구약성경을 일컫는 말은 '타나크'(*Tanakh*)였는데 이것은 히브리어의 세 자음들 '타우'(*t*), '눈'(*n*), '카프'(*k*)로 구성된 말로서, 구약성경의 세 부분을 가리킨다. '타우'는 구약성경의 처음 다섯 권인 '토라'(*Torah*)를, '눈'은 선지서들인 '네비임'(*Neviim*)을, 그리고 '카프'는 성문서인 '케투빔'(*Ketuvim*)을 각각 지칭한다. '성문서'와 '성경'은 동의어로 사용된다. 따라서 누가복음 24장 27절은 예수님께서 자신의 고난과 다시 사심에 대해 설명할 때 구약성경 전체를 사용하셨음을 뜻한다.

예수님이 말씀을 전해 주시자 그들의 마음속이 뜨거워졌다(눅 24:32). 즉, 예수님이 성경을 가르치실 때 감동과 확신과 깨달음을 얻었다. 물론, 그런 일은 오늘날에도 일어난다. 가르침과 위안을 얻기 위해서는, 기적과 기사를 찾거나 어떤 종교적 경험으로 감정을 고무하려 할 것이 아니라 성경으로 돌아가야 한다.

오늘날을 위한 누가의 기록

확신하건대 누가가 이 이야기를 그의 복음서의 마지막에 기록한 것은 그 내용이 오늘날에도 그대로 적용되어야 함을 나타내기 위함일 것이다. 오늘날 사람들은 기적을 보길 원한다. 예수님 당시의 불신자들처럼, 사람들은 병든 자가 치유되고 떡과 물고기가 기적적으로 많아지며 죽은 자가 살아나는 것을 보길 원한다. 하지만 그 기적 자체가 더 많은 사람들을 믿음으로 이끌었던 건 아니다. 기적이 누군가를 확신시키는 것은 아니기 때문이다. 기적은 불신자들로 하여금 더 많은 기적을 원하게 할 뿐이다.

이 때문에 예수님은 기적을 행하시기보다는 가르치는 일에 더 열중하셨다. 가버나움으로 돌아가서 더 많은 치유 기적을 행하실 것을 요청하는 자들에게, 예수님은 이렇게 대답하셨다.

"우리가 다른 가까운 마을들로 가자 거기서도 전도하리니 내가 이를 위하여 왔노라"(막 1:38).

사도들이 기적을 행할 수 있었음에도 성경을 가르치는 일에 주력했던 것도 바로 이러한 이유 때문이다. 예루살렘 교회의 과부들을 위한 양식 배분 문제로 다툼이 일어나려 했을 때, 그들은 그 일을 담당할 집사들을 선출할 것을 제안하며 이렇게 말했다.

"우리가 하나님의 말씀을 제쳐 놓고 접대를 일삼는 것이 마땅하지 아니하니 형제들아 너희 가운데서 성령과 지혜가 충만하여 칭찬 받는 사람 일곱을 택하라 우리가 이 일을 그들에게 맡기고 우리는 오로지 기도하는 일과 말씀 사역에 힘쓰리라 하니"(행 6:2-4).

바울도 사역 과정에서 이 패턴을 따랐다.

"바울이 자기의 관례대로 그들에게로 들어가서 세 안식일에 성경을 가지고 강론하며 뜻을 풀어 그리스도가 해를 받고 죽은 자 가운데서 다시 살아나야 할 것을 증언하고 이르되 내가 너희에게 전하는 이 예수가 곧 그리스도라 하니"(행 17:2-3).

다시 말해, 바울은 예수님께서 글로바와 마리아에게 성경을 설명하셨던 것처럼 했다.

"이르시되 미련하고 선지자들이 말한 모든 것을 마음에 더디 믿는 자들이여 그리스도가 이런 고난을 받고 자기의 영광에 들어가야 할 것이 아니냐 하시고 이에 모세와 모든 선지자의 글로 시작하여 모든 성경에 쓴 바 자기에 관한 것을 자세히 설명하시니라"(눅 24:25-27).

여기서 성경이 주는 실제적인 조언을 찾을 수 있다. 만일 영적인 일에 대해 염려하고 있다면, 특히 예수 그리스도가 하나님의 아들과 구주이시며 그분께 자신을 맡겨야 하는 것에 대해 확신하지 못한다면, 성경 공부 시간에 주의를 집중하는 것이 좋다. 그러면 글로바 부부와 같은 경험을 하게 될 것이다. 마음에 감동이 되고, 눈이 열리며, 마음이 믿음으로 뜨거워질 것이다. 그래서 그리스도인이 되고 영적으로 성장해 갈 것이다.

"이에 모세와 모든 선지자의 글로 시작하여 모든 성경에 쓴 바 자기에 관한 것을 자세히 설명하시니라"(눅 24:27).

1. 복음을 들으며 마음에 감동이 되고 눈이 열리며, 마음이 믿음으로 뜨거워졌던 경험이 있습니까?

_____

_____

2. 예수님은 성경을 통해 우리에게 하나님의 말씀을 가르치십니다. 우리 마음의 불안과 근심을 지우고 감동과 확신으로 채우는 십자가의 가르침을 묵상해 보십시오.

_____

_____

오늘날 사람들은 기적을 보길 원합니다. 그러나 기적이 누군가를 확신하게 하는 것은 아닙니다. 오히려 불신자들로 하여금 더 많은 기적을 원하게 합니다. 우리는 다시 성경으로 돌아가야 합니다. 그 속에서 하나님께서 주시는 진정한 가르침과 위안을 얻으십시오.

chapter 19

의심하는 자를 위한 말씀

필립 라이큰

"나를 만져 보라 영은 살과 뼈가 없으되
너희 보는 바와 같이 나는 있느니라"(눅 24:39).

성경은 나사렛 예수께서 죽고 다시 사셨음을 가르치며, 그분이 예루살렘 성문 밖에서 십자가에 달리신 후에 동산 무덤에 묻히셨다고 전한다. 또한 성경은 예수님께서 죽은 지 사흘 만에 죽은 자 가운데서 살아나셨음을 가르친다. 그래서 우리 그리스도인들은 부활절에 그분의 부활을 기념한다.

더욱이 성경은 예수 그리스도의 죽으심과 부활이 인류 역사상 가장 의미심장한 사건이라고 가르친다. 예수님이 죽은 자 가운데서 살아나신 이유는 단번에 죄와 죽음을 정복하기 위함이었다.

그분의 부활을 믿는 모든 이들은 영적으로 결코 죽지 않고 영생을 얻을 것이다. 예수 그리스도의 십자가 처형과 부활은 단지 예수님 자신만을 위한 것이 아니라 지구상의 모든 인류를 위한 삶과 죽음의 문제이다. 예수님을 믿는 것은 사는 길이며, 그분을 부인하는 것은 죽음을 의미한다.

이는 매우 중요한 정보로 모두가 알아야 할 결정적인 사실이다. 만일 성경 내용이 사실이라면, 예수 그리스도를 믿는 것은 천국 문을 여는 열쇠이다. 그렇다면 예수님에 관한 성경 말씀은 진짜일까? 나사렛 예수는 실제로 다시 살아났는가?

증언의 중요성

어떤 일의 사실 여부를 알아보기 위한 방법 중 하나는 증거를 조사하는 것이다. 예수 그리스도의 죽으심과 부활에 대한 경우, 증거 대부분은 그의 제자들의 증언이다.

어떤 사실을 증언에 근거하여 믿는 것은 특이한 경우가 아니다. 우리가 알고 있는 것들의 대부분은 다른 사람들의 말에 근거하고 있지 않은가. 에이브러햄 링컨(Abraham Lincoln)이 암살당했다는 것을 믿는가? 그렇다면 그 사건이 일어났던 날 밤에 포드극장에 있었던 자들의 증언에 근거해 그 사실을 믿고 있는 셈이다. 인간 역사에 관해 우리가 알고 있는 모든 것은 대부분 말이나 역사적 기록에 근거한다. 역사는 과거에 그 사건을 목격한 자의 소식이다.

과학적인 지식도 마찬가지다. 달에 어두운 면이 있다는 것을 믿는가? 우리는 그것을 눈으로 직접 본 적이 없으므로, 과학자들의 이야기에 근거하여 그 사실을 믿어야 한다. 대부분의 과학적 지식 또한 대부분의 역사적 지식과 마찬가지로 다른 사람의 말에 의존하여 존재한다.

그렇다면 예수 그리스도의 제자들에 대해선 어떠한가? 그들을 믿을 수 있는가? 제자들은 예수님이 부활한 몸으로 그들에게 나타나셨다고 주장한다. 그들이 거짓말쟁이나 바보가 아니었다면 그들은 복음의 진실을 말했을 것이다.

제자들이 거짓말쟁이가 아닌 이유

우리는 제자들이 거짓말쟁이가 아님을 확신할 수 있다. 성경은 다시 사신 그리스도에 관한 여러 증인들의 증언을 기록했다. 법정에서와 마찬가지로 증인이 많을수록 증언은 더 강력해진다.

더욱이 각 복음서는 그리스도의 부활 이야기를 약간씩 다르게 전한다. 복잡한 교차로에서 생긴 가벼운 교통사고를 예로 들어 보자. 증인마다 그 사고를 다른 각도에서 보았을 테니 사건을 설명할 때도 표현이 조금씩 다를 것이다. 만일 모두의 증언이 완전히 똑같다면 오히려 의심의 여지가 생길 것이다. 마찬가지로 복음서들은 같은 이야기를 다른 각도에서 언급한다. 이들은 서로 상충되는 것이 아니라 다를 뿐이다. 한 복음서가 다른 복음서에서 생략된 부분을 말하며, 어느 제자는 어떤 부분을 언급했지만 그 부분을 언급하지 않은 제자도 있다. 만일 그들이 거짓말쟁이라면 이야기를 똑같이 일치시키기 위해 애썼을 것이다.

제자들이 거짓말쟁이가 아니라는 또 다른 증거는 그들이 믿음을 위해 고난과 죽음을 감수했다는 것이다. 대부분의 제자들이 예수님처럼 고통 가운데 죽음을 맞았다. 대개 사람들은 고통스러운 죽음의 위협을 당하면 증언을 철회한다. 특히 거짓말쟁이들은 자기 목숨을 구하기 위해서라면 무슨 말이든 할 것이다.

삽바타이 세비(Sabbatai Sevi)를 통해 죽음이 거짓말쟁이의 말을 바꾸게 한다는 사실을 엿볼 수 있다. 그는 17세기 종교계 슈퍼스타 중 한 명이었는데 유대교 교사로서 자신이 메시아임을 주장했다. 수십만 명의 유대인들이 그를 믿었다. 유대교 역사상 두 번째로 인기 있는 메시아적 인물이었다. 유럽과 중동 전역의 종교 공동체들은 그를 메시아로 숭배했다.

1666년, 세비가 이슬람교도들에게 붙들렸을 때, 그들의 당혹감을 상상해 보아라. 그가 이슬람교로 개종했을 때는 얼마나 큰 충격을 받았겠는가? 종교 공동체들은 몹시 실망했다. 죽음의 위협 앞에서 세비와 그의 핵심 제자들은 이스라엘의 하나님을 포기하고 무슬림이 되었다.[47] 그들은 줄곧 거짓말을 했으나, 죽음의 위협이 그들로 하여금 진실을 실토하게 만들었다.

예수님과 그분의 제자들은 자신이 주장하는 내용의 진실성을 자신의 생명으로써 확증했다. 세비처럼, 예수님도 자신이 메시아라는 주장을 철회했다면 목숨을 구할 수 있었을 것이다. 예수님의 제자들도 마찬가지였다. 만일 그들이 거짓말쟁이였다면 기독교를 부인했을 것이다. 하지만 제자들은 예수 그리스도의 부활이라고 하는 진실을 강력히 확신했기 때문에 자신의 믿음을 무덤까지 가지고 갔다. 핍박과 심지어 죽음에 직면해서도, 그들은 예수님께서 그들의 죄로 인해 죽었다가 다시 살아나셨음을 계속 증언했다. 그들은 다시 사신 그리스도를 만났었기 때문에 그분이 하나님의 아들이심을 부인할 수 없었다. 그들은 거짓말을 하고 있지 않았다.

의심하는 제자들

'잘못 본 것은 아닐까?', '유령 아니었을까?', '예수님을 닮은 사람이 아닐까?', '예수님으로 위장한 사기꾼인가?'

---

47 Gershom Scholem, *Sabbatai Sevi: The Mystical Messiah, 1626-1676* (Princeton, N.J.: Princeton University Press, 1973), p. 679.

부활하신 예수님을 보고는 그들 뇌리에 이런 생각들이 스쳤다. 그들은 잘 속는 자가 아니라 의심이 많은 자들로, 성경은 처음에 그들이 놀라고 무서워하며 두려워하고 의심했다고 전한다(눅 24:37-38). 그들은 불신에 싸여 깜짝 놀랐다(눅 24:41). 따라서 예수 그리스도의 부활에 대한 그들의 증언은 회의론자들의 강력한 증언인 셈이다. 그래서 우리는 의심 많은 그들의 증언을 신뢰하는 것이다.

그리스도의 부활에 대해 우리 또한 여러 의심을 품을 수도 있으나, 의심을 맨 먼저 품은 자는 그분의 제자들이었다. 우리 중 "진짜 예수님이 아니었을 것이다."라고 말하는 사람도 있을 것이다. 그러면 제자들은 이렇게 대답할 것이다. "처음에는 우리도 그렇게 생각했다. 하지만 그때 예수님께서, '내 손과 발을 보고 나인 줄 알라 또 나를 만져 보라 영은 살과 뼈가 없으되 너희 보는 바와 같이 나는 있느니라'(눅 24:39)고 말씀하셨다. 그러고는 자신의 손과 발을 보여 주셨는데 우리는 십자가에 못 박히실 때의 상처를 똑똑히 보았다. 그는 십자가에 달려 죽고 장사되신 바로 그 예수님이셨다."

"예수님의 유령이었겠지."라고 말하는 사람도 있을 것이다. 그러면 제자들은 또 이렇게 대답할 것이다. "우리도 그런 생각을 했었지만 예수님이 유령이 아니심을 분명히 볼 수 있었다. 유령은 살과 뼈가 없으나, 그분은 살과 뼈가 있었다. 그분은 우리가 만질 수 있는 육체를 지니셨다." 제자들은 직접 보고서 믿었다.

예수님은 제자들에게 자신의 부활한 몸을 직접 만져서 영이 아님을 확인하라고 하셨다. 제자들이 자신의 눈을 여전히 믿지 못하고 있을 때, 예수님은 "여기 무슨 먹을 것이 있느냐"(눅 24:41) 하시고 구운 생선 한 토막을 건네받아 그들 앞에서 잡수셨다. 유령은 구운 생선을 먹지 못한다. 그러나 예수님은 부활한 몸을 지니셨으므로 잡수실 수 있었다.

예수님이 자신의 부활을 입증하기 어려우셨던 이유는 제자들이 처음부터 의심했기 때문이다. 그들 중 가장 의심 많은 제자는 도마였다. 그들이 다시 사신 그리스도를 처음 보았을 때 도마는 그 자리에 없었다. 그는 자신의 눈으로 예수님을 보기 전까지는 그들의 증언을 믿으려 하지 않았다.

"내가 그의 손의 못 자국을 보며 내 손가락을 그 못 자국에 넣으며 내 손을 그 옆구리에 넣어 보지 않고는 믿지 아니하겠노라"(요 20:25).

이 과정을 거치고서야 도마는 비로소 예수 그리스도의 부활을 믿게 되었다. 그는 예수님을 직접 만져 보았는데 보는 것만으로는 충분하지 않아서였다. 하지만 의심했던 자는 도마만이 아니라 제자들 모두였다.

그들의 증언이 그토록 신빙성이 있는 이유 중 하나도 바로 그 때문이다. 복음서들은 카리스마적인 종교 그룹에 의해 기록되지 않았다. 의사, 어부, 세리처럼 현실 세계에 두 발을 굳건히 디딘 사람들에 의해 기록되었다. 처음에는 그들도 우리처럼 의심했다. 하지만 예수 그리스도의 살아 있는 몸이 그들의 모든 의심을 잠재웠다. 일단 의심을 극복하자, 제자들은 예수 그리스도의 부활에 대한 신념을 위해 기꺼이 죽음을 불사했다.

당신은 믿는가?

예수 그리스도의 십자가 처형과 부활을 의심할 만한 그럴싸한 이유는 없다. 프린스턴 신학자 찰스 호지(Charles Hodge)는 부활의 증거를 다음과 같이 요약했다.

> 그리스도의 부활은 역사적 사실이므로 역사적 증거에 의해 입증되어야 한다. 따라서 사도는 믿을 만한 증인들의 증언에 호소한다……증인들의 증언이 받아지려면 아래 요건을 충족해야 한다.
>
> 1. 입증되어야 할 사실은 분명한 특성을 지녀야 한다.

2. 증인들은 그 특성을 명확히 확인해야 한다.

3. 증인들은 건전한 생각과 분별력을 지니고 있어야 한다.

4. 증인들은 성실한 사람들이어야 한다.

이 요건들이 충족되면, 증인은 의심의 여지없는 사실로 받아들여진다. 나아가 증인들이 자신의 증언을 위해 개인적 희생이나 피 흘리기를 마다하지 않는다면……그것을 의심하는 것은 어리석고 악한 태도다. 이 모든 요건들이 합력하여 그리스도의 부활을 뒷받침하며, 그것이 역사상 가장 신빙성 있는 사건임을 입증한다.[48]

그리스도의 부활에 대한 의심을 멈추고 믿음으로 받아들이는 것은 근사한 일이다. 하나님은 의심하는 자들이 결코 얻을 수 없는 귀한 선물들을 성도에게 주신다. 가장 귀한 선물은 두 눈으로 그리스도를 직접 뵙는 것이다. 만일 당신이 예수님께서 다시 사셨음을 믿으면, 언젠가 그분을 대면할 것이다. 예수님을 어떻게 알아볼 것인가? 아마도 제자들처럼 그분의 손과 발을 직접 만져볼 것이다. 찬송가 작사가였던 패니 크로스비(Fanny Crosby)는 예수님과 만날 날을 다음과 같이 묘사했다.

---

[48] Charles Hodge, *A Commentary on the First Epistle to the Corinthians* (London: Banner of Truth, 1964), p. 314.

주가 맡긴 모든 역사 힘을 다해 마치고
밝은 그 아침을 맞을 때
요단강을 건너가서 주의 손을 붙잡고
기쁨으로 주의 얼굴 뵈오리.
나의 주를 나의 주를
내가 그의 곁에 서서 뵈오며
나의 주를 나의 주를
손에 못 자국을 보아 알겠네.
_ "주가 맡긴 모든 역사", 새찬송가 240장.

> "나를 만져 보라 영은 살과 뼈가 없으되
> 너희 보는 바와 같이 나는 있느니라"(눅 24:39).

1. 아직 당신에게 해결되지 않은 의심이 있습니까?

___

2. 예수님께서 모든 사람을 위해 십자를 지시고 부활하신 사실을 믿으십시오. 예수님을 믿는 것이 곧 사는 길입니다. 우리에게 생명의 길을 열어 주는 십자가의 복된 소식을 묵상해 보십시오.

___

마음에 의심이 피어오를 때는 모든 의심을 극복하고 예수님을 위해 죽음을 불사한 제자들의 증언에 귀를 기울이십시오. 그들이 당신을 믿음의 길로 이끌어갈 것입니다. 그리하여 구주 되신 예수님을 온전히 신뢰하십시오. 언젠가 당신의 두 눈으로 예수님을 직접 뵙게 될 것입니다.

chapter 20

넘어진 자를 위한 말씀

필립 라이큰

"네가 나를 사랑하느냐……
내 양을 먹이라"(요 21:17).

　복싱에서 유명한 말이 하나 있는데 "덩치가 클수록 넘어지는 소리도 더 요란하다"이다. 경기가 녹아웃으로 끝날 때 패자는 캔버스에 쓰러지는데 실베스터 스탤론(Sylvester Stallone)의 "록키"를 보면, 헤비급 선수가 가장 요란하게 넘어진다. "록키1"을 제외한 다른 "록키" 영화들은 모두 그런 식으로 끝나는 것 같다. 챔피언 경기의 마지막 순간에 록키의 상대 선수는 녹아웃당하여 캔버스에 쿵하고 쓰러진다. 이에 관중은 환호하고 종이 울린다. 덩치가 클수록 넘어지는 소리는 더 요란하다.

예수님을 따른 큰 제자

시몬 베드로는 큰 사람이었다. 1세기 팔레스타인의 예수님 영화를 찍자면, 그는 주연급이었다. 그가 예수님의 제자들 중 으뜸이었음을 성경을 통해 알 수 있다.

"갈릴리 해변에 다니시다가 두 형제 곧 베드로라 하는 시몬과 그의 형제 안드레가 바다에 그물 던지는 것을 보시니 그들은 어부라 말씀하시되 나를 따라오라 내가 너희를 사람을 낚는 어부가 되게 하리라 하시니 그들이 곧 그물을 버려 두고 예수를 따르니라" (마 4:18-20).

자신의 생업을 버리고 하나님을 따르는 것은 큰 사람이 아니면 할 수 없는 일이다.

시몬 베드로는 자신의 삶으로 예수님을 신뢰했던 첫 인물이었다. 어느 날 밤, 제자들은 갈릴리 바다를 배로 건너고 있었고 예수님은 풍랑 가운데 그들에게 걸어가셨다.

"제자들이 그가 바다 위로 걸어오심을 보고 놀라 유령이라 하며 무서워하여 소리 지르거늘 예수께서 즉시 이르시되 안심하라 나니 두려워하지 말라 베드로가 대답하여 이르되 주여 만일 주님이시거든 나를 명하사 물 위로 오라 하소서 하니 오라 하시니 베드로가 배에서 내려 물 위로 걸어서 예수께로 가되"(마 14:26-29).

예수님을 따르는 것이 큰 사람의 일이라면, 배에서 내려 물 위로 걷는 것은 그 인물의 위대함을 보여 주는 행동이다.

예수님이 하나님의 아들이심을 깨닫고, 그분이 사람이면서 또한 하나님이심을 처음 고백했던 이도 시몬 베드로였다. 한번은 예수님이 가이사랴 빌립보 근방에서 제자들과 함께 걸으면서 "너희는 나를 누구라 하느냐" 하고 물으셨다. 그러자 베드로가 "주는 그리스도시요 살아 계신 하나님의 아들이시니이다"(마 16:16)라고 대답했다.

그때까지 그는 '시몬'으로 불렸으나, 이 탁월한 대답을 들으신 예수님이 그 자리에서 그에게 새 별명을 지어주셨다. "너는 베드로라 내가 이 반석 위에 내 교회를 세우리니 음부의 권세가 이기지 못하리라"(마 16:18). 예수님의 기지를 돋보이게 하는 이름이었다. '베드로'는 반석 또는 돌을 뜻한다. 시몬 베드로는 초대교회의 반석이었다. 예수님을 가장 먼저 따르고, 가장 먼저 신뢰하며, 또한 가장 먼저 이해한 사람이 바로 그, 시몬 베드로였다. 그는 큰 제자였다.

요란하게 넘어지다

그가 그토록 요란하게 넘어진 것은 큰 사람이었기 때문이다. 예수님은 배신당하시던 밤에, 제자들에게 "오늘 밤에 너희가 다 나를 버리리라"(마 26:31)라고 말씀하셨다. 그러나 시몬 베드로는 단호한 의지를 피력했다.

"모두 주를 버릴지라도 나는 결코 버리지 않겠나이다"(마 26:33).

큰 사람이기에 입에서 나온 말 또한 대단했다.

하지만 그것은 거짓된 사람의 거짓된 말이 되었다. 예수님은 그에게 "내가 진실로 네게 이르노니 오늘 밤 닭 울기 전에 네가 세 번 나를 부인하리라"(마 26:34)라고 말씀하셨다. 베드로는 자신이 결코 넘어지지 않을 거라고 생각했으나, 예수님은 그가 요란하게 넘어질 것을 알고 계셨다.

역사적 기록에 의하면, 그날 밤에 예수님은 감람산에서 체포되셨으며 재판을 받기 위해 예루살렘으로 이송되셨다. 그리고 베드로는 멀리서 재판 과정을 지켜보고 있었다.

"베드로가 바깥 뜰에 앉았더니 한 여종이 나아와 이르되 너도 갈릴리 사람 예수와 함께 있었도다 하거늘 베드로가 모든 사람 앞에서 부인하여 이르되 나는 네가 무슨 말을 하는지 알지 못하겠노라 하며 앞문까지 나아가니 다른 여종이 그를 보고 거기 있는 사람들에게 말하되 이 사람은 나사렛 예수와 함께 있었도다 하매 베드로가 맹세하고 또 부인하여 이르되 나는 그 사람을 알지 못하노라 하더라 조금 후에 곁에 섰던 사람들이 나아와 베드로에게 이르되 너도 진실로 그 도당이라 네 말소리가 너를 표명한다 하거늘 그가 저주하며 맹세하여 이르되 나는 그 사람을 알지 못하노라 하니 곧 닭이 울더라"(마 26:69-74).

그는 배와 그물을 버렸지만, 자신의 목숨을 위해 선원들의 입에 익숙했던 저주를 토해 냈다. 그리고 바로 그때 닭이 울었다.

"이에 베드로가 예수의 말씀에 닭 울기 전에 네가 세 번 나를 부인하리라 하심이 생각나서 밖에 나가서 심히 통곡하니라"(마 26:75).

덩치 큰 사람이 더 요란하게 넘어진다.

당신은 주님으로부터 떨어져 나갔던 적이 있는가? 예수 그리스도를 부인했던 적이 있는가? 당신을 지으신 하나님을 저주했던 적이 있는가? 베드로의 쓰라린 눈물을 맛본 적이 있는가? 크든 작든, 우리 모두가 때로는 넘어진다.

세 번의 질문

예수 그리스도는 넘어진 자를 위해 말씀하신다. 그러나 그 말씀을 하시기 전에 먼저 그들에게 질문을 던지신다. 참으로 마음 속 깊은 곳을 파고드는 예리한 질문이다. 예수님은 시몬 베드로에게 이 질문을 세 차례 반복하셨다.

때는 예수님이 죽은 자 가운데서 살아나신 이후 갈릴리 바닷가에서였다. 제자들은 고기를 잡기 위해 밤을 새웠고, 해변에서 주님이 만드신 조반을 함께 먹었다.

"그들이 조반 먹은 후에 예수께서 시몬 베드로에게 이르시되 요한의 아들 시몬아 네가 이 사람들보다 나를 더 사랑하느냐 하시니"
(요 21:15).

그것은 심장절개수술만큼이나 고통스러운 질문이었다. 예수님은 "베드로야"라고 부르지 않으시고, "요한의 아들 시몬아" 하고 부르셨다. 베드로가 예수님을 부인한 후에, 그는 더 이상 베드로로 불릴 자격이 없었다. 반석이라 불리기에는 너무나 불안정했다. 그는 시몬의 상태로 다시 추락했다.

"네가 이 사람들보다 나를 더 사랑하느냐?"라고 물으신 것은 무슨 뜻에서였을까? "이 사람들"이라는 말 속에 담긴 의미는 무엇이었을까? 아마 그분은 "네가 다른 제자들보다 나를 더 사랑하느냐?" 하고 물으셨을 것이다. 왜냐하면 한때 베드로는 다른 모든 제자들이 달아나도 자신만은 예수님을 따를 거라고 장담했었기 때문이다. 혹은 "네가 이 모든 고기잡이 도구들보다(배와 그물보다) 나를 더 사랑하느냐?"는 질문이었을 수도 있다. 어느 편이 옳은지 분명하지 않다.

분명한 것은 그 질문이 하나님의 벗인지 아닌지를 가리는 참된 시금석이라는 사실이다. 그것은 "네가 좋은 사람이냐?"나 "네가 자선기금을 내느냐?"가 아니다. "네가 예수 그리스도를 사랑하느냐?"이다. 당신은 진정으로 예수님을 사랑하는가? 다른 어떤 것보다 그분을 더 사랑하는가? 생명 그 자체보다 그분을 더 사랑하는가? 예수 그리스도를 사랑하는 자만이 하나님의 벗이다.

시몬 베드로는 자신이 하나님의 벗이라고 생각했다. 예수님을 사랑함을 의심하지 않았다. 혹은 그렇다고 생각했다. 그래서 "주님 그러하나이다 내가 주님을 사랑하는 줄 주님께서 아시나이다"(요 21:15)라고 대답했다.

예수님은 다시 물으셨다.

"요한의 아들 시몬아 네가 나를 사랑하느냐"(요 21:16).

이에 베드로는 또 "주님 그러하나이다 내가 주님을 사랑하는 줄 주님께서 아시나이다"라고 대답했다.
세 번째로 예수님이 물으셨다.

"요한의 아들 시몬아 네가 나를 사랑하느냐"(요 21:17).

예수님은 정말 심장절개수술을 하시는 것 같았다.
"주께서 세 번째 네가 나를 사랑하느냐 하시므로 베드로가 근심"(요 21:17)했다고 성경은 전한다. '근심했다'는 말은 부드럽게 표현한 것이다. 베드로는 비통했다. 몹시 괴로웠다. 예수께서 같은 질문을 세 차례나 반복하시자, 실패의 상처들이 다시 벌어졌다. 그 세 차례의 질문들은 예수께서 배신당하셨던 밤에 베드로가 들었던 세 차례의 질문들을 그에게 상기시켰다. 세 차례에 걸쳐 예수님을 부인했던 일을 상기시켰다. 예수님이 세 번째 질문을 던지셨을 때, 베드로는 그분을 부인했던 밤에 쓰라린 눈물을 흘렸던 것이 기억났다. 자신이 얼마나 요란하게 넘어졌는지가 기억났다. 그것은 최근의 일이었다.

시몬이 무슨 말을 해야 했을까? 당신이라면 무슨 말을 하겠는가? 시몬 베드로는 자신이 진심으로 예수님을 사랑함을 알고 있었다. 하지만 그는 자신이 예전에도 그렇게 말했으나 넘어졌고, 앞으로도 그럴 수 있음을 알고 있었다. 그는 단지 "주님 모든 것을 아시오매 내가 주님을 사랑하는 줄을 주님께서 아시나이다"(요 21:17)라고 말할 수 있을 뿐이었다.

다시 일어서서

나라면 시몬 베드로를 믿기 힘들었을 것이다. 만일 어떤 사람이 당신을 거듭 실망시킨다면, 그를 신뢰하기란 힘들 것이다. 그러나 예수님은 베드로를 너무나 사랑하셨기 때문에 넘어진 자리에서 일어나도록 자상하게 도와주셨다. 베드로를 제자들 가운데 다시 합류시키셨다. 세 차례 질문을 마친 후에, 예수님은 "나를 따르라"라고 말씀하셨다. 자신을 다시 일어설 수 있도록 도와주신 예수님의 명령에 베드로는 오직 순종할 수밖에 없었다.

우리가 넘어지면 예수님은 우리를 다시 일으켜 주실 것이다. 우리는 스스로 일어날 수 없다. 우리가 넘어지는 이유는 죄인이기 때문이다. 죄는 녹아웃 펀치와도 같아서 죄인은 완전히 실신한 상태라고 할 수 있다. 죄인은 하나님을 사랑하지 않으며, 하나님을 섬기지도 경배하지도 않는다. 그 마음을 들여다본다면 그는 눈에 드러날 치부 때문에 몹시 수치스러울 것이다. 탐욕스러운 욕망, 흉악한 살의, 교만한 생각 등이 치부로 드러날 것이다. 죄인이 하나님의 벗이 되길 원한다면, 스스로 일어설 수 없음을 시인해야 한다.

예수님께서 넘어진 자를 일으키기 위해 오셨다는 것이 복된 소식이다. 베드로가 예수님을 알지 못한다며 부인했던 바로 그 순간에, 예수님은 베드로의 죄를 위해 죽을 준비를 하고 계셨다. 예수님께서 자신의 모든 벗을 위해 하신 일이 바로 그것이다. 십자가에서 돌아가신 예수님의 죽음은 처형 그 이상이었다. 그분은 하나님의 아들이시므로, 그리고 완벽한 삶을 사셨기 때문에, 자신의 삶을 속죄의 희생 제물로 드릴 수 있었다. 우리가 하나님께 죄 사함을 간구하면, 하나님은 예수님 때문에 그 죄를 사해 주실 것이다.

영국 시인 윌리엄 쿠퍼(William Cowper)는 베드로를 향한 예수님의 질문을 담은 귀한 찬송시를 썼다.

청종하라, 내 영혼아! 그분은 주님이시다.
그분은 나의 구주시니, 그분의 말씀을 들으라.
예수님께서 물으시네, 그분이 내게 물으시네.
"가련한 죄인이여, 네가 나를 사랑하느냐?"

쿠퍼는 그 물음에 대한 자신의 대답을 생각했다. 그는 예수님을 사랑하지만, 그의 마음이 예수님을 사랑하기에는 너무나 냉

담하며 그분의 사랑을 받을 자격도 없음을 고백해야 했다. 그래서 그는 다른 무엇보다 더 예수님을 사랑하도록 도와달라는 기도로 찬송시를 끝낸다.

주여, 저는 너무나 부족하나이다.
제 사랑은 약하고 희미하나이다.
하지만 저는 주님을 사랑하며 경배합니다.
주님을 더 사랑할 수 있도록 은혜 베푸소서!

"네가 나를 사랑하느냐……내 양을 먹이라"(요 21:17).

1. 주님으로부터 멀어져 넘어졌던 적이 있습니까? 무엇이 당신을 넘어지게 합니까?

　
_____

_____

2. 죄인인 우리는 스스로 일어날 수 없습니다. 하나님의 벗이 될 수도 없습니다. 넘어진 우리를 위해 자기 자신을 희생 제물로 드리셨던 예수님을 기억하며 묵상해 보십시오.

_____

_____

예수님께서는 넘어진 우리를 다시 일으켜 주기 위해 오셨습니다. 너무나 사랑하시기에 우리가 죄의 자리를 털고 일어나도록 자상하게 도와주십니다. 하나님의 벗이 될 수 있도록 손 내밀어 주십니다. 당신은 그 예수 그리스도를 사랑하십니까?

chapter 21

모든 사람을 위한 말씀

제임스 몽고메리 보이스

"하늘과 땅의 모든 권세를 내게 주셨으니
그러므로 너희는 가서 모든 민족을 제자로 삼아
아버지와 아들과 성령의 이름으로 세례를 베풀고
내가 너희에게 분부한 모든 것을 가르쳐 지키게 하라
볼지어다 내가 세상 끝날까지 너희와 항상 함께 있으리라"(마 18-20).

승천 직전 예수님은 제자들에게 다른 사람을 제자로 삼을 것을 명하셨다. 이는 복음 전도를 명하신 위대한 도전의 말씀으로 지상대명령이라 할 수 있다. 제자들은 복음을 전함으로 사람들을 믿음의 길로 인도하고, 세례를 통해 그들을 교회의 친교 가운데로 이끌며, 예수님의 모든 명령을 그들에게 지속적으로 가르쳐야 했다. 이 명령은 그분의 모든 제자들에게 주신 것으로 예수님은 이를 실행하는 우리와 항상 함께하실 것을 약속하셨다.

이 명령은 '모든'이라는 보편적인 의미를 포함한 다음 네 개의 표현으로 이루어져 있다. "모든 권세", "모든 민족", "내가 너희에게 분부한 모든 것", "항상".

"모든 권세"

첫째, 아버지는 하늘과 땅의 "모든 권세"를 예수님께 주셨다 (마 28:18).

1. 하늘의 권세

예수님이 "하늘의 모든 권세"를 받으셨다는 것은 놀라운 선언이다. 하늘의 권세는 하나님의 권세를 가리키므로, 이 선언은 그가 하나님이심을 나타내기 때문이다. 여호와께서 하실 수 있는 것은 무엇이든 예수님도 하실 수 있다. 왜냐하면 아버지의 권세와 아들의 권세가 동일하기 때문이다. "끝날까지 너희와 항상 함께 있으리라"(마 28:20)라고 약속하신 분이 바로 이 영광의 주요 만유의 하나님이시다.

2. 영적 세계에 대한 권세

"하늘의 모든 권세"는 악한 세력을 포함한 모든 영적 세력과 권세들을 가리킨다. 바울은 그리스도인의 영적 전쟁에 관한 묘사에서 이 권세를 언급했다.

"우리의 씨름은 혈과 육을 상대하는 것이 아니요 통치자들과 권세들과 이 어둠의 세상 주관자들과 하늘에 있는 악의 영들을 상대함이라"(엡 6:12).

우리의 대적인 사탄과 영적 싸움을 하고 있음을 상기시키는 말씀이다. 이 말씀이 다소 힘겹게 느껴질 수도 있지만 그럴 필요 없다. 왜냐하면 그 모든 권세와 능력은 예수님의 의로운 통치하에 있기 때문이다. 바울은 이렇게 말한다.

"그의 능력이 그리스도 안에서 역사하사 죽은 자들 가운데서 다시 살리시고 하늘에서 자기의 오른편에 앉히사 모든 통치와 권세와 능력과 주권과 이 세상뿐 아니라 오는 세상에 일컫는 모든 이름 위에 뛰어나게 하시고"(엡 1:20-21).

3. 제자들에 대한 권세

예수님께 주어진 "땅의 모든 권세"는 당신의 제자들에 대한 권세를 포함한다. 그 권세는 제자들의 행위에까지 미친다. 왜냐하면 그분은 자신의 명령에 순종하게 하시기 위해 그들을 불렀기 때문이다. 예수님은 "너희는 내가 명하는 대로 행하면 곧 나의 친구라"(요 15:14)고 말씀하셨다. 예수님께 순종하지 않으면 우리는 그분의 친구가 아니다. 심지어 구원도 받을 수 없다.

또한 그리스도의 권세는 제자들에게 맡겨진 사역에까지 미친다. 지상대명령은 이 점을 강조한다. 우리가 세상에 복음을 전하고 모든 족속을 제자로 삼아 아버지와 아들과 성령의 이름으로 세례를 주며, 주님께서 분부하신 모든 것을 가르쳐 지키게 해야 하는 것은 우리가 예수님의 권세 아래에 있기 때문이다(19-20절).

예수님의 제자들은 자신의 임무를 스스로 정하지 않았다. 웰링턴(Wellington) 공작의 표현대로 우리는 "행군 명령"하에 있다. 즉, 제자들은 그리스도의 권세 아래에 있는 것이다.

4. 모든 족속에 대한 권세

주 예수 그리스도의 권세가 미치는 네 번째 영역은 그분의 권세를 아직 모르는 족속들이다. 기독교가 세계종교인 것도 바로 이 때문이다. 세상에는 특정 민족의 신을 믿는 종교들이 많으나 예수님의 경우는 다르다. 그분은 유대인으로 태어나셨으나, 기독교는 유대인만의 종교가 아니다. 그분의 종교는 온 세계의 종교이다. 이는 예수님께서 땅의 모든 권세를 지니셨기 때문이다. 존 스토트는 이렇게 요약한다.

모든 기독교 선교 사업의 기반은 예수 그리스도의 권세가 보편적

("하늘과 땅의")이라는 데 있다. 만일 예수님의 권세가 땅에서 제한되다면, 즉 만일 그분이 많은 종교 교사 중 하나이거나 많은 유대인 선지자들 중 하나일 뿐이라면, 우리는 그분을 세상의 주와 구주로 소개할 필요가 없을 것이다. 또한 예수님의 권세가 하늘에서 제한된다면, 즉 그분이 사탄의 세력을 결정적으로 무너뜨리지 않으셨다면, 우리는 그분을 민족들에게 전할 순 있으나 결코 그들을 "어둠에서 빛으로, 사탄의 권세에서 하나님께로"(행 26:18) 돌이킬 순 없을 것이다. 땅의 모든 권세가 그리스도께 속하기 때문에 우리는 만민에게로 나아간다. 또한 하늘의 모든 권세가 그분의 것이기 때문에 우리에게는 성공의 소망이 있다.[49]

"모든 족속"

모든 족속이라는 표현은 예수님의 권세와 기독교가 세계적이라는 특징을 가리킨다.

마태가 이 내용으로 마태복음을 마무리한 것이 놀랍다. 왜냐하면 마태복음은 가장 유대인적인 복음이기 때문이다. 이 복음서는 예수님이 다윗의 후손이고 메시아에 관한 구약의 예언을 성취했음을 보여 주기 위해 기록되었다. 복음서 중 가장 민족적인

---

[49] John R. W. Stott, "The Great Commission", *One Race, One Gospel, One Task: World Congress on Evangelism, Berlin 1966, Official Reference Volumes*, 편저, Carl F. H. Henry와 W. Stanley Mooneyham(Minneapolis: World Wide Publications, 1966), vol. 1, p. 46에서.

특성이 부각된 것이 마태복음이다. 그럼에도 마태복음은 가장 보편적인 메시지로써 마감된다. 지상명령에 의해, 예수님의 지상 사역 기간 동안 그분을 따랐던 그리고 이제 공식적으로 사명을 부여받은 몇몇 유대인 제자들은 유대인들에게만이 아니라 세상 만민에게 복음을 전해야 했다.

이를 실천할 때마다 교회는 복을 받고 번영했지만 그렇지 않을 때에 그들은 침체하고 쇠퇴했다. 그 이유는 무엇일까? 제자들에게는 지상대명령이 요구되기 때문이다. 그것은 그리스도를 따르는 자의 순종의 표현이다. 예수님은 순종을 축복하신다. 만일 우리가 예수님을 따른다면, 모든 족속을 향해 나아갈 것이다.

"내가 너희에게 분부한 모든 것"

피상적인 우리 시대에서는 이 표현이 가장 중요하다고 할 수 있다. 우리는 그리스도께서 명하신 "모든 것"을 가르쳐야 한다. 하지만 오늘날에는 이 명령과 반대되는 모습이 많이 보인다. 그리스도의 '모든' 명령을 가르치려고 노력하기보다는 그분의 가르침을 가급적 생략하려는 이들이 많은 것 같다. 그들은 쉽게 이해되며 거부감을 주지 않는 가르침에 초점을 맞춘다. 그것은 심판 없는 구원, 공의 없는 사랑, 순종 없는 구원, 그리고 고난 없는 승리에 관한 내용이다. 물론 그리스도께로 많은 사람들을 인도하겠다는 좋은 동기에서 그처럼 내용을 축약하겠지만 그것은 세상적인 방법이며 그 결과 역시 세상적인 것으로 나타난다. 제자들은 결핍된 가르침으로는 만들어지지 않는다. 절반의 복음으로는 세상을 그리스도의 통치에 복종시키지 못한다.

그렇다면 오늘날의 교회를 회복시키기 위해서는 어떤 가르침들이 필요할까? 간략한 교리 나열만으로는 안 된다. 성경 전체를 가르쳐야 하는데 최소한 다음 사항들을 포함해야 한다.

1. 올바른 성경관

자유주의 신학자들은 성경이 단지 사람의 책일 뿐이며 그 속에는 오류가 담겨 있으므로 성경은 상대적 권위만을 지녔다고 주장했다. 그들의 이러한 주장은 성경의 권위를 존중하는 전통적인 견해를 훼손시키고 약화시켰다. 우리 시대의 많은 복음주의자들은 성경이 우리에게 직면한 과제를 해결하는 데 적절치 못하다고 생각하며, 여러 영역들에서 성경을 무시함으로 성경의 권위를 훼손하고 있다. 만일 우리가 그리스도의 가르침에 충실하려면, 성경의 권위를 인정해야 한다.

2. 하나님의 주권

영국 성경 번역가 존 필립스(J. B. Phillips)는 『네 하나님은 너무

작다』(*Your God Is Too Small*)라는 책을 썼는데, 이 책 제목이 그대로 적용되는 신자들이 많다. 그들은 성경을 무시하며, 자신의 제한되고 오류적인 관점으로 하나님을 이해한다. 우리는 하나님이 누구신지에 대해, 특히 그분의 주권에 대해 새롭고 올바른 관점을 정립할 필요가 있다. 하나님이 주권적이시라는 것은 그분이 우주의 통치자이심을 뜻한다. 우연의 산물은 아무것도 없으며 하나님이 예상하지 못하시는 일이란 존재하지 않는다.

3. 인간의 타락

사람들은 자신이 "하나님보다 덜 완벽하며" 선한 삶을 위해 누군가의 도움이 필요하다는 의미에서 자신의 죄악 됨을 기꺼이 인정한다. 그러나 성경의 가르침은 거기서 그치지 않는다. 성경은 우리가 죄 가운데 죽은 상태이며(엡 2:1-3), 우리의 생각마저 부패했다고(창 6:5) 말한다. 우리는 너무나 부패한 상태이므로, 하나님이 우리 영혼을 새롭게 하여 이끌어 주지 않으시면(요 6:44) 그리스도께 나아갈 수조차 없다.

4. 하나님의 은혜

우리 스스로 그리스도께 나아갈 수 없으므로 우리가 하나님의 심판 아래에 있다는 것이 사실이지만, 예수님은 멸망을 향해 나아가는 자들을 향한 하나님의 은혜를 가르치신다. 따라서 구원은 오직 은혜로 주어진다. 예수님은 "아버지께서 내게 주시는 자는 다 내게로 올 것이요"(요 6:37)라고 말씀하신 후, 아버지께 "내가 비옵는 것은 세상을 위함이 아니요 내게 주신 자들을 위함이니이다"(요 17:9)라고 말씀하셨다.

5. 선한 사역의 필요성

하나님은 하나님의 사람들이 선한 사역을 할 수 있도록 인도하며 도우신다. 제자도에 관한 그리스도의 가르침은 대부분 이와 관련한 내용을 담고 있다. 예수님처럼 우리도 정의 편에 서며, 병든 자를 위로하고 버림받은 자를 구원하고 억압받는 자를 옹호하며 결백한 자를 구원하는 일에 최선을 다해야 한다. 또한 불의를 행하거나 용납하는 자들에 맞서 저항해야 한다.

6. 그리스도를 믿는 자의 안전

예수님은 근거 없는 자만에 대해 강력히 경고하셨는데, 그분의 가르침을 무시하거나 순종하지 않은 채 자신이 그리스도인이라고 여기는 자들에 대한 경고이다.

그런가 하면 예수님은 자신을 따르는 자들을 위한 확신의 말씀도 주셨다. 그분은 그들이 결코 잃어버린 바 되지 않을 거라고 말씀하셨다. 하나님이 그들의 구원을 책임지시므로 그들은 잃어버린 바 될 수가 없다(요 10:28).

"항상" 그리고 영원히

"항상"에 해당하는 헬라어의 문자적 의미는 "(마지막 날까지의) 모든 날에"이다. 이것은 위대한 약속이다. 마태복음 첫 장에서 예수님은 "하나님이 우리와 함께 계시다"라는 뜻인 "임마누엘"(마 1:23)로 소개되셨다. 그리고 마태복음의 마지막 절에서는 그 약속이 반복 확언되고 있다. 우리가 그리스도의 명령대로 행하며, 사람들에게 복음을 전하여 그리스도께로 인도하고 그들을 교회 내에서 친교와 봉사의 삶으로 이끌면, 예수님은 우리가 영광 중에 그분 앞에 설 때까지 시종일관 우리와 함께하실 것이다.

예수 그리스도를 따르는 것은 쉬운 일이 아니다. 예수님은 그 일이 쉬울 거라고 말씀해 주신 적이 없다. 하지만 그분을 따르는 것은 그분을 따르지 않는 것보다 당연히 훨씬 더 낫다. 그분을 따르면 무덤 저편에서의 소망과 하늘에서의 상급이 주어지며, 또한 주님께서 우리와 함께하시겠다고 임재를 약속하셨기 때문이다.

"하늘과 땅의 모든 권세를 내게 주셨으니
그러므로 너희는 가서 모든 민족을 제자로 삼아
아버지와 아들과 성령의 이름으로 세례를 베풀고
내가 너희에게 분부한 모든 것을 가르쳐 지키게 하라
볼지어다 내가 세상 끝날까지 너희와 항상 함께 있으리라"(마 28:18-20).

1. 당신은 하늘과 영적 세계와 모든 제자들과 모든 족속에 대한 권세가 하나님의 아들, 구주 예수 그리스도께 있음을 믿습니까?

_____

_____

2. 예수님은 항상, 그리고 영원히 우리와 함께하시기 위해 이 땅에 오셨고, 말씀을 이루어 십자가에서 죽으시고 부활하셨습니다. 이제 위대한 도전의 말씀, 우리의 사명인 마태복음 28장 18-20절 말씀을 묵상해 보십시오.

_____

_____

우리는 오직 하나님의 은혜로 믿음으로 말미암아 구원을 받았습니다. 온 우주의 통치자 되시는 하나님의 주권을 인정하십시오. 그리하면 모든 날에 우리와 함께하시는 하나님께서 당신을 안전히 지키실 것입니다.

사명선언문

너희가 흠이 없고 순전하여······세상에서 그들 가운데 빛들로
나타내며 생명의 말씀을 밝혀 _ 빌 2:15-16

1. 생명을 담겠습니다
만드는 책에 주님 주신 생명을 담겠습니다.
그 책으로 복음을 선포하겠습니다.

2. 말씀을 밝히겠습니다
생명의 근본은 말씀입니다.
말씀을 밝혀 성도와 교회의 성장을 돕겠습니다.

3. 빛이 되겠습니다
시대와 영혼의 어두움을 밝혀 주님 앞으로 이끄는
빛이 되는 책을 만들겠습니다.

4. 순전히 행하겠습니다
책을 만들고 전하는 일과 경영하는 일에 부끄러움이 없는
정직함으로 행하겠습니다.

5. 끝까지 전파하겠습니다
모든 사람에게, 땅 끝까지, 주님 오시는 그날까지
복음을 전하는 사명을 다하겠습니다.

서점 안내

광화문점 서울시 종로구 새문안로 69 구세군회관 1층
02)737-2288 / 02)737-4623(F)

강남점 서울시 서초구 신반포로 177 반포쇼핑타운 3동 2층
02)595-1211 / 02)595-3549(F)

구로점 서울시 동작구 시흥대로 602, 3층 302호
02)858-8744 / 02)838-0653(F)

노원점 서울시 노원구 동일로 1366 삼봉빌딩 지하 1층
02)938-7979 / 02)3391-6169(F)

일산점 경기도 고양시 일산서구 중앙로 1391 레이크타운 지하 1층
031)916-8787 / 031)916-8788(F)

의정부점 경기도 의정부시 청사로47번길 12 성산타워 3층
031)845-0600 / 031)852-6930(F)

인터넷서점 www.lifebook.co.kr